धधक धुआँ धुआँ

धधक धुआँ धुआँ

सूर्यनाथ सिंह

वाणी प्रकाशन

वाणी प्रकाशन
4695, 21-ए, दरियागंज, नयी दिल्ली 110 002

शाखा
अशोक राजपथ, पटना 800 004

फ़ोन: +91 11 23273167 फ़ैक्स: +91 11 23275710

www.vaniprakashan.in
vaniprakashan@gmail.com

DHADHAK DHUAN DHUAN
by Suryanath Singh

ISBN : 978-93-5072-571-9
Collection of Stories

प्रथम संस्करण
मूल्य : ₹ 225

न्यू कृष्णा ऑफ़सेट, दिल्ली-110093 में मुद्रित

वाणी प्रकाशन का लोगो मक़बूल फ़िदा हुसेन की कूची से

अनीता, अभिनव
और अनन्य को

ये कहानियाँ

गाँव के अनुभवों से निकली हैं। इनमें घटनाएँ अलग-अलग हैं, पर गाँव एक है। चरित्रों के चेहरे अलग-अलग, पर गाँव का चेहरा एक है। वह गाँव चाहे अपने ठेठ रूप में हो या फिर शहरों के भीतर बिखरा हुआ, है एक ही। दोनों धड़कनें समान है। यहाँ के सारे लोग मेरे जाने-पहचाने, बोले-बतियाए हैं। सबके अपने रंग, अपने ढंग। अपनी दुख-तकलीफें। इच्छाएँ-आकांक्षाएँ, उम्मीदें और लालसाएँ। इसलिए ये कहानियाँ विस्तृत फलक पर कहीं न कहीं आपस में जुड़ती हैं। एक शुभचिंतक ने कहा, ये कहानियाँ मिलकर एक उपन्यास रचती हैं। हो सकता है।

गाँव के बारे में अलग-अलग तरह से बातें होती रहती हैं। मेरा भी उनमें एक ढंग है। गाँव टूट रहे हैं, बिखर रहे हैं, शहरों की तरफ भाग रहे हैं। गाँव खुद शहर बनने की ललक पाले हुए हैं। शहर फैल कर गाँव से मिलने को है, तो गाँव खुद बांहे फैलाए उसका स्वागत कर रहा है। विदेशी कम्पनियाँ सैकड़ों सौगात लिए मुस्करा रही हैं। सरकारें तो सरकारें, गाँव भी उन्हें हसरत भरी नजरों से देख रहा है। सही है। मगर गाँव अपना कितना पा रहा है शहर को? शहर की जरूरतें भले गाँव से जुड़ी हों, मगर वह तो सदा से गाँव को पराया समझता रहा है। इसलिए इन कहानियों में लोगों के बार-बार उखड़ने-उजड़ने और फिर अलग हवा-पानी-माटी में अपनी जड़ें रोपने की जद्दोजहद है। लगातार एक तरह का संघर्ष है। स्थितियाँ कुछ अजीब तरह से गुत्थमगुत्था, उलझी हुई हैं।

इन्हीं स्थितियों से निकली हैं ये कहानियाँ।

ये स्थितियाँ क्यों हैं, बदलाव और विकास के बरक्स ये कितनी उचित या अनुचित हैं, बताना जरूरी नहीं समझतीं ये कहानियाँ। बस इनमें स्थितियाँ हैं।

आज जिस तरह हमारी या फिर हमारे बाद की पीढ़ी ने कहानियों का फलक फैलाया है। नये-नये प्रयोग हो रहे हैं। कहानियों में विमर्श के लिए जगह बना दी गई है, उस हिसाब से ये कहानियां कुछ पिछड़ी लग सकती हैं। मगर गाँव है, तो पिछड़ेपन की तोहमत से गुरेज क्यों।

बाकी जो है सो आपके समक्ष है। देखें, स्वीकार करें, दुत्कारें, आपकी मर्जी।

इस संग्रह के आकार लेने में सहयोग के लिए किस-किस के प्रति आभार जताऊँ, असमंजस में हूँ। जो लिखने को लगातार कोंचते रहे, जो मेरी बातों को धैर्य से सुनते और फिर इन कहानियों के लिखे जाने के बाद पढ़कर राय देते, सराहते रहे। उन सबके लिए केवल आभार कहकर टरका देना हल्की हरकत होगी। अगर जिन्दगी ने वक्त दिया तो उन पर लिखना अलग से।

सूर्यनाथ सिंह

अनुक्रम

जो है सो	11
ट्रिकल डाउन	29
देवता घर गये	48
मंडन मिसिर की खुरपी	69
धधक धुआँ धुआँ	79
परवाज	105

जो है सो

एक्सप्रेस-वे, बिजली परियोजना और बिजनेस सेंटर खुलने की खबर आयी तो साढ़े आठ गाँवों के आधे से कुछ अधिक चेहरे खिल उठे। महुआझोंझ, पांडेपुर, मलदहिया, मिश्रौली, केसला, जमुई, बसनही, अब्दुलपुर और आधा आलमगंज। नौगाँवा के नाम से मशहूर। एक बड़े वृत्त के रूप में बसे। बीच में इन गाँवों के खेत-खलिहान। इन्हीं के भीतर से एक पतली नहरनुमा नदी निकलती है। बरसात के समय पता नहीं कहाँ से पानी लेकर आती है और इस कटोरानुमा इलाके को जलमग्न कर देती है। दूर-दूर तक पानी ही पानी। जैसे समन्दर का फैलाव। मगर हफ्ता भर बरसात न हो तो सूखा पसर जाता है, जैसे छलनी में रखा पानी गायब हो जाए। सर्दियों में यह इलाका खूब हरा-भरा दिखता है। बाहर से आया कोई देखे तो इस इलाके की हरियाली पर लहालोट हो जाए।

नक्शा देखने की जरूरत नहीं। ये गाँव उत्तर प्रदेश के नक्शे में हैं। जहाँ से पूर्वी और पश्चिमी उत्तर प्रदेश का बँटवारा शुरू हो जाता है, वही इनका सिवाना है। हालाँकि ठीक-ठीक आज तक कोई नहीं बता पाया कि इनमें से कौन-सा गाँव पूर्वी उत्तर प्रदेश के हिस्से में है और कौन-सा पश्चिमी के। धुर पूरब वाले इन्हें पश्चिम के खाते में डाल देते हैं तो पश्चिम वाले पूरब के। मगर इससे इनकी सेहत पर कोई असर नहीं पड़ता। जैसे मस्त रहते आए थे, रहते हैं। हाँ, कभी-कभार यह कसक जरूर इनके मन में उभरती देखी गयी कि दिल्ली से सटे इसी राज्य के पश्चिमी हिस्से के गाँव कुछ ज्यादा खुशहाल होते गये हैं। जो सरकार आती है, उधर ही ध्यान देती है। एक ही सूबा, एक ही सरकार, मगर भाव दो! दिल्ली से सटा हिस्सा चमाचम और जैसे-जैसे पूरब खिसको अँधेरा और अँधेरगर्दी!

खैर, खबर लेके आया रामरख राजभर का मेठ। बसनही के बलेसर यादव का बेटा रामसरे। रामरख के भट्ठे पर पथवा, बोझवा, झोंकवा, लदाई-ढुलाई वगैरह करने वाले सब पर नजर रखने की जिम्मेदारी उसी पर है। कौन पथवा नहीं आया, किसने कम ईंट पाथी, कौन बोझवा कदराही करता है, सबकी नस रामसरे के हाथ। किसके यहाँ कितनी ईंट जाएगी, किसके पास कितना बकाया है, कौन भाव-ताव के चक्कर

में पचीस रुपया सैकड़ा कम पर राजबली राय के भट्टे पर भागने का मन बना रहा है, उसे तोड़ के लाना है, सब रामसरे की चिन्ता। दिन भर इधर से उधर भागता फिरता है।

रामरख को रामसरे पर पूरा भरोसा है। कोई गड़बड़ी हो जाए तो एक बार को वे अपने सगे भाई पर शक कर लें, रामसरे पर नहीं। बस, सुबह-शाम भट्ठे का मुआयना करने, हिसाब लेने पहुँच जाते हैं, बाकी पूरा दिन इस नेता, उस नेता के संग गुजरता है। पिछली बार जिला पंचायत का अध्यक्ष पद महिला के लिए आरक्षित हुआ तो पत्नी को चुनाव लड़ा दिया। सारे जातीय समीकरण हल किया। निकल के आया कि दलित और सवर्ण भिड़ेंगे तो पिछड़ा का सारा वोट उन्हें विजयी बना देगा। मगर पड़ गया उल्टा। सारे बाबू-बाभन पलट गये। दलित कैंडिडेट को सपोर्ट कर दिया। कहा, रजभरवा को तो हम साथ उठाते-बैठाते रहे। उसका छुआ खाया-पीआ, नेवता-हँकारी सब किया। ऊ ससुर के पंख निकल आये। पूछा-ताछा भी नहीं, बताया तक नहीं, खड़ा कर दिया मेहरारू को। हमरे गोद में खेले, अब हमरे सिर पर मूतने की तैयारी! मूतने देंगे तब न! जिताओ भाई हरिजन महिला को, अहसान मानेगी। दाग भी धुलेगा कि हम दलितों को अच्छी नजर से नहीं देखते। बस, रामरख का गणित गया गड्ढे में।

मगर अब भी वे हिम्मत नहीं हारे हैं। राजनीति में घुस के हार मान जाए, वह नेता क्या! बार-बार गिर के चढ़ने की उम्मीद तो मरते दम तक बनी रहती है। सो, रामरख की सक्रियता बढ़ गयी। लग गया लेबल समाजवादी पार्टी का। हर मीटिंग-बैठक में मौजूदगी जरूरी। हर धरना-प्रदर्शन, घेराव-हुलकाव में बन्दोबस्ती ड्यूटी। दिल्ली-लखनऊ से सम्पर्क साधे रखना जरूरी। इसी सक्रियता का नतीजा था कि सरकार की नयी योजना के कागज पर अंतिम रूप लेने से पहले ही रामरख को जानकारी मिल गयी। रामरख से वह खबर रामसरे ने चूसी और फिर सारा गाँव स्वाद लेने लगा।

मीडिया तक पहुंचने में खबरों को भले एक-दो दिन लग जाएं, रामसरे के कान में आते ही अगिया बैताल हो जाती हैं। सननन इस कान से उस कान।

सो खबर फैल गयी। पहले अब्दुलपुर, फिर बसनही में। भट्ठे से लौटते वक्त रामसरे के रास्ते में पहले अब्दुलपुर पड़ता था, इसलिए सबसे पहले वहीं। खैर, खबर फैली तो सब ओर पहुँच गयी।

चर्चा शुरू। गाँव के नवहे खुश कि अब उनके भी दिन बहुरेंगे। पच्छिम चमक रहा है, अब हम भी चमकेंगे। दिखा देंगे दम। मगर बुढ़ऊ लोगों का मुँह लटक गया। चिन्ता हुई कि सदियों से कमाई पुरखों की जमीन-जायदाद खतम हो जाएगी। नवहों ने अपने बाप-दादों को डपटा, "का करेंगे जमीन-जायदाद लेके। कितने पुरखे गल-पच गये इसी जमीन में, क्या उखाड़ लिया। ढोते रहे जिनिगी भर कपार पर गोबर ही, लिथड़ते रहे कीचड़-कानो में। उगाया बासमती, खाया कुअरहा। सारा बढ़िया माल बनिया ले गए, आप खाते रहे मोटंजा। न दाल से भेंट, न तरकारी से। रोटी-मट्ठा सरपेट के डकारते रहे, जैसे छप्पन भोग जीम लिया। मगर इतराते रहे कि बिधाता हैं

देश के। आप न उगाये तो सब भूखे मर जाये, अकाल पड़ जाये, प्रलय आ जाये। इसी मुगालते में गुजार दी जिनिगी। पाल लिए अल्लम-गल्लम रोग। न चला जाता है, न खाया। मुँह में दाँत रहे न पेट में आँत। बइठ के दिन भर पादते-खाँसते, हुंक्का पड़पड़ाते रहते हैं। फिर भी सारी दुनिया फोत पर टाँगे फिरते हैं।... बन्द कीजिए पुरखों का गुणगान, जमीन-जायदाद का अभिमान। जमाना बदल रहा है, चलने दीजिए हमको उसके हिसाब से।''

बुढ़ऊ को बात लग गयी। देर तक खाँसने के बाद पौवा भर बलगम बगल में पड़ी राख पर उगला और बोलते भए, ''एही जमीन पर पैदा हुए हो, इसी का खाके इस लायक बने हो कि आज अंगरेजी पाद रहे हो। हम मोटंजा खाये तभी तुम आज कपड़े में नील-टीनोपाल लगाके फटफटिया पर घूम रहे हो। अरे, ई जमीनिया है तभी तक मान-सम्मान, अभिमान है, खाके फुटानी छाँट रहे हो। जिस दिन नहीं रहेगी उस दिन कुक्कुर-सियार भी पूछने नहीं आएगा। बइठ के बजाते रहोगे हरमुनिया। हमसे तो बनिया सारा बढ़िया माल ले गया, मगर बाबू-भइया बोल के। ई जमीन नहीं रहेगी तो वही बनिया तुमको अपना चपरासियो नहीं रखेगा, लिखवा लो हमसे। ससुरो, अभी इतने काबिल नहीं हो गये कि अपने बाप-दादा से जबान लड़ाओ। गाँड़ धोने का सहूर नहीं, पाद रहे हैं अंगरेजी। अभी हम मरे नहीं हैं। जो फैसला होगा, सारा गाँव मिल के पंचायत में करेगा। तुम लोग कूदो मत ज्यादा।''

नवहे चुप तो लगा गये, मगर चुप नहीं बैठे। उधर हुक्का गुड़गुड़ाता बूढ़ा समाज पुराने दिनों में खोया, जमीन बचाने की योजनाएँ बनाने लगा, इधर नवहा दल सिगरेट-पान-गुटखा दबाये भविष्य के सपने सँजोने लगा।

''साला, बिजनेस सेंटर खुलेगा तो इस जिले का भाग जाग जाएगा। दिल्ली, बम्बई, बंगलोर जाने का कौनो जरूरते नहीं। दस हजार की नौकरी के लिए ससुर खेत-बारी बेच के घूस देने का जुगत भिड़ाते रहे, फौज-पुलिस चीनी मिल में नौकरी तलाशते रहे, मगर हाथ कुछ न लगा। घोषित हो गये बिलल्ला। होना ही था। न ढंग का स्कूल न कॉलेज। दुनिया इंजिनीयरिंग, डॉक्टरी, मैनेजमेंट पढ़ के अपनी किस्मत चमका रही है, हम गोबरहा स्कूल-कॉलेज में पढ़ के सेना-पुलिस, बाबूगिरी से आगे सोच ही नहीं पाये। न कोई डॉक्टर ढंग का है, न अस्पताल। आदमी इमरजेंसी में हो तो लखनऊ-दिल्ली पहुँचने से पहले ही टें बोल जाता है। फिर भी बुढ़ऊ लोग चिपके हुए हैं इसी जमीन से। चाहते हैं कि उन्होंने जो हमको दिया वही हम अपने बच्चों को भी दें। नहीं चलेगा जी अब ये सब। अब दिखाएँगे अपनी काबीलियत। खोलेंगे यहीं पर शोरूम, कमाएँगे दस-बीस हजार रोज। दस हजार महीना पर तो मनीजर रखेंगे ससुर शोरूम में।''

''हम तो भइया ट्रांसपोर्ट का सोचे हैं। खरीदेंगे चार ठो बस, लगा देंगे कौनो कंपनी में। सब काट-कूट के महीने का पचास हजार रुपया कहीं नहीं गया।''

"अपना तो प्रापर्टी का बिजनेस फिक्स है भइया। हींग लगे ना फिटकरी, रंग चोखा।"

"हम तो भाई बनाएँगे फिलिम। भोजपुरी फिलिम में लागत कम, कमाई ज्यादा। एक भी चल गयी तो तीन-चार पुश्त का इन्तजाम पक्का।"

"अपना तो एक-दू ठो सीएनजी स्टेशन खोलने का इरादा है। सरकारो पैसा लगा रही है उसमें। सीएनजी गाड़ी का चलन बढ़ रहा है, मगर इधर इलाके में पम्पे नहीं हैं, इसलिए लोग पेट्रोल वाली गाड़ी चला रहे हैं। पेट्रोल का दाम तो हर दस दिन में बढ़ रहा है, लोग परेशान हैं। सीएनजी स्टेशन खोलेंगे तो दिन भर लाइन लगी रहेगी। ई एक्सप्रेस-वे बनने दो, देखो कितना गाड़ी आता है, इस इलाका में। पीट के रख देंगे पैसा दुइए साल में।"

"ई एक्सप्रेस-वे बनेगा तो मजा हो जाएगा बन्धु। अपनी गाड़ी में बैठे, यहाँ से चार घंटे में दिल्ली। सुबह जाओ, दिन भर काम करो, रात तक घर वापस।"

अरे खाली एक्सप्रेस-वे नहीं, बुलेट ट्रेन की लाइन भी इधरे से निकालने की बात है। ससुर, बलिया से दिल्ली साढ़े चार घंटा में। यहाँ से तो ढाईए-तीन घंटा लगाओ। जाओ, सामान लादो, दुपहर तक घर।"

"काहें ट्रेन से जाएँगे बे। अपनी गाड़ी में जाएँगे। खरीदेंगे कोई फस्सकलास गाड़ी, होंडा सीआरवी, पजेरो, फोर्ड एंडेवर, टोएटा फरचूनर जैसी। एक्सप्रेस-वे पर भगाओ साली को दू सौ, ढाई सौ की स्पीड में, कौनो चलान थोड़े कटेगा।" सिगरेट का कश खींच कर किसी ने कहा।

"पहिले, नक्सवा तो आने दो। मुआवजा कितना मिलेगा, उसका हिसाब तो बनने दो। बुढ़ऊ लोग अलग राग अलापे पड़े हैं। पहिले उनको लाओ रास्ते पर।" घंटे भर घुलाये पान की लम्बी पीक थूकने के बाद किसी ने टोका।

"जमींदरा के बाबू ज्यादा नेतागिरी कर रहे हैं। समझा भइया जमींदर, उनको। न मानें तो भेज दे किसी तीरथ-बरत पर तीन महीना के लिए। तब तक मामला सेट कर लेंगे हम लोग। खड़मंडल करेंगे तो ठीक नहीं होगा भाई।"

"अरे कुछ नहीं होगा, बे। सब सरपंच के हाथ में है। वही दस्खत करके देगा सबकी तरफ से। उसको सेट करो। तुम्हारे साथ तो उठना-बैठना है, समझाओ उसको कि बुढ़ऊ पार्टी को समझाए।"

बस, तय हुआ कि सारे गाँवों के सरपंचों को समझाओ। इनमें से एक भी खिलाफ गया तो मामला खटाई में।

पहले जैसा जमाना तो रहा नहीं कि किसी बड़े-बुजुर्ग को सर्वसम्मति से सरपंच बना दिया जाता था। अब नवहे आ रहे हैं, चुनाव लड़के। नया खून, नयी चाल। दिल्ली-लखनऊ से सम्पर्क बनाए रखते हैं और ले आते हैं नया-नया आइडिया। दिन

भर ब्लॉक-कचहरी का चक्कर लगाते रहते हैं। सरकार क्या चाहती है, क्या दे रही है, सबकी जानकारी। गाँव में नये-नये काम हो रहे हैं। नवहों का जमाना है भाई। जो चाहते हैं, वही होता है।

बुढ़ऊ पार्टी इस बात को मान चुकी है, मगर फिर भी वह अड़ी हुई थी जिद पर कि जैसे भी हो बाप-दादा की कमाई सेंत-मेंत में जाने नहीं देंगे।

''शास्तर कहता है कि जर, जोरू, जमीन की जान देके भी रच्छा करनी चाहिए। बाप-दादा की कमाई को बढ़ाओ, बढ़ाओ नहीं तो गँवाओ तो मत। लेकिन ई लौंडे-लफाड़ी में संस्कार तो कौनो रहा नहीं। माटी में मिलाने पर तुले हैं सब इज्जत-आबरू।''

''संस्कार कहाँ से आएगा। पीने लगे दारू-सराब, मास-मच्छी खाने लगे। तामसी भोजन, मति तो भरस्ट करेगा ही। दिन भर नेतागीरी। खेत-खलिहान में काम करते सरम आती है। कहाँ से रहेगा मोह उनमें बाप-दादों की कमाई जमीन-जायदाद से। बेच के उड़ाएँगे ससुरे गुलछर्रा। पड़े रहेंगे बीबी के पल्लू में।''

''जब तक जिन्दा हैं, हम तो न जाने देंगे भइया इस तरह जमीन। लिखना तो हमी को है। तय कर लीजिए कि नहीं जाएँगे कचहरी, नहीं करेंगे जमीन का रजिस्टरी। देखते हैं, का कर लेते हैं नवहे।''

मगर यह संकल्प कमजोर निकला।

पन्द्रह दिन बीते नहीं कि आ गया पटवारी फरमान लेके। सुना दिया सबको कि नौगाँवाँ की जमीन पर बिजली बनाने का कारखाना लगेगा, बिजनेस सेंटर खुलेगा, जिला भर के किसानों की सुविधा के सामान यहीं जुटाये जाएँगे। जो अनाज-तरकारी बाजार ले जाके बेचना पड़ता था, सब यहीं बिकेगा। उससे डिब्बा बन्द माल तैयार होगा खाने का। यही सरकार का आदेश आया है।

सब गाँवों में चहल-पहल शुरू। तय हो गया दिन नौगाँवाँ की विशाल पंचायत का। उस दिन पहली बार गाँव में पंचायत के लिए बड़ा-सा तम्बू तना। पीने के पानी का इन्तजाम, चाय-कॉफी का बन्दोबस्त सरकार की तरफ से हुआ। कुर्सियाँ बिछीं, माइक लगा। पटवारी के साथ तहसीलदार, ब्लॉक प्रमुख, ब्लॉक विकास अधिकारी, थाने का दरोगा और पाँच-सात सिपाही भी आये। सारे गाँवों के सरपंच मौजूद।

बुढ़ऊ दल ने हंगामा किया, ''नहीं देंगे जमीन''। देर तक हो-हल्ला। काँव-काँव, झाँव-झाँव। फिर महुआझोंझ के सरपंच ने माइक पकड़ा, ''दादा, आप लोग बेकार की जिद पर अड़े हैं। ई जमीन आपका हइए नहीं। हर जमीन सरकार का। जब तक चाहे, उसका इस्तेमाल किसी को करने दे, जब चाहे ले ले। जैसे किराए के मकान में कोई रहता है, किराया देता है, मगर मकान उसका तो नहीं होता। जब मकान मालिक चाहता है, खाली करा लेता है। आप इतने साल तक मालगुजारी देके इस पर खेती

करते रहे, अब सरकार चाहती है कि यहाँ विकास के लिए बिजली का कारखाना लगे, सड़क बने, बिजनेस सेंटर खुले। अरे अपना इलाका चमाचाम होने वाला है। हर सुविधा यहीं। अब तक आप भागते थे शहर, अब शहर आपके दरवाजे। चौबीस घंटा बिजली, हर सामान का दुकान यहाँ। मगर आप जिद पर अड़े रहेंगे तो कोई फायदा नहीं। सरकार के पास अधिकार है कि आदेश पारित करके इस पर जबरन कब्जा कर ले। मगर खून-खराबा होगा तो क्या आपको अच्छा लगेगा? जमीन का मुआवजा तो सरकार देइए रही है न, कर लीजिए दूसरा धन्धा। खेतिए करना है तो खरीद लीजिए दूसरे गाँव में जमीन। का फरक पड़ेगा। काहें बेकार में जान दिये पड़े हैं इस जमीन के पीछे।''

बुढ़ऊ दल में खुसुर-फुसुर। मिला है सरपंचवा साला सरकार से। नवहों ने जरूर भरा है कान इसका।

मगर उसके बाद भी दूसरे गाँवों के सरपंचों और ब्लॉक प्रमुख से लेके तहसीलदार तक जितने लोगों ने माइक पकड़ा, सबका सुर एक था। धमकी भी, नसीहत भी। सबका एक ही कहना, जमीन बेचने में ही भलाई है। बुढ़ऊ दल तुनक-बिदक के हताश-निराश वापस लौटा। हुक्का गुड़गुड़ाता-फुँफकारता रहा, मगर उसकी एक न चली। नक्शा-नवीसी, पैमाइश, मुआवजा वितरण वगैरह की दिन-तारीख तय हो गयी।

हताश बुढ़ऊ दल ने कहा, ''भइया अब जीना कितने दिन है हमको! समसान की ओर पैर बढ़ाये हैं। आगे तो इन्हीं नवहों को सम्भालना है सब कुछ, चाहे जैसे करें ससुरे।''

''अरे पहिले कहावत थी कि उत्तम खेती मद्धिम बान, अब बदल गयी है। अब घूम गया विधि के विधान का चक्का। खेती गयी सबसे नीचे। पहिले नम्बर पर आ गई बान, बनियागीरी। अब तो भाई बनिया राज करेंगे। नेता और कारोबारी मिलके कर रहे हैं सासन। चाकरी दूसरे नम्बर पर। बनिया-बाबू जैसा चाहेंगे वैसा ही होगा अब तो। खेती को तो जाओ भूल। नवहे जो सोच-कर रहे हैं उसे चुप मार के देखो।'' किसी ने परमज्ञानी की तरह उपदेश दिया।

''मगर देख के मक्खी तो निगली नहीं जाती न, भइया। जब तक जिन्दा हैं, देखा नहीं जाता।''

''बरदास तो करना ही पड़ेगा। सरकारे पीछे पड़ी है तो कहाँ तक लड़ेंगे उससे। सेना उसकी, पुलिस उसकी। दबा देगी गरदन हमारी। नवहे भी वही चाहते हैं, जो सरकार चाहती है। छोड़ दो ससुर मोह-माया। अब तो उठा ले परमात्मा जल्दी, छूटे सब जंजाल।''

चैत का महीना बीतते न बीतते मुआवजे की पहली किस्त बँट गयी। करार के कागज पर दस्तखत हो गये। पूरे इलाके का नया नामकरण हुआ- इंडस्ट्रियल विलेज।

नौगाँवाँ चौंका, अंग्रेजी नाम! मगर जल्दी ही चढ़ गया जबान पर।

खेत खाली हुए तो बड़े-बड़े बुलडोजर, रोलर, खुदाई-पाटा करने की मशीनें आने लगीं। गड़ गये जगह-जगह रावटी-तम्बू। रोज किसी न किसी हाकिम-हुक्काम, सेठ-साहूकार, बिल्डर-व्यवसायी का दौरा। जहाँ-तहाँ चाय-पान, गुटखे, छोले-कुल्चे, छोले-भटूरे की दुकानें खुलने लगीं। जो बनिए दिन भर एक ही बीड़ी को तीन बार सुलगाते-बुझाते-पीते थे, उनकी बन आयी। गाँव के जो ट्रैक्टर अब तक खेत जोतने, ईंट-खाद-गन्ना वगैरह ढोने के काम आते थे वे किराए पर मिट्टी ढोने, पाटा फिराने के काम में लग गये। जो नवहे अपना खेत जोतने में शर्म करते थे वही उन पर पाटा फिराने लगे। चारों ओर हड़हड़-गड़गड़।

इसी हड़हड़-गड़गड़ में एक दिन पटवारी आया। सभी सरपंचों और नवहा दल के कान में फुसफुसाया- ''अभी मुआवजे की तीन किस्तें आनी हैं। पहली किस्त तो साहब लोग खुद आके दे गये। अब लगाना पड़ेगा आप लोगों को चक्कर। बैंक वाले करेंगे तंग। बाबू लोग माँगेंगे अनाप-शनाप पैसा। ऐसे में ऊपर से सलाह हुई है कि आप लोगों को परेशानी न होने पाये। जिस तरह आप लोगों ने सहयोग किया उसी तरह आप लोगों को भी मिले। डेढ़ रुपया सैकड़ा तय हुआ है। दस लोगों में बँटेगा। पन्द्रह पैसा एक के हिस्से आएगा। आपके लिए कोई भारी रकम नहीं है। लेकिन सोचो, एक क़िस्त उठाने के लिए पाँच बार भी भाग दौड़ करनी पड़े तो खर्चा इससे ज्यादा बैठेगा। तय कर लो आप लोग आपस में।

सरपंचों ने सबसे पहले सिर हिलाया। नवहा दल ने बाद में। डेढ़ रुपया सैकड़ा पर मामला तय। पक्का हो गया कि पटवारी खुद लाके देगा सबके हाथ में मुआवजे का चेक।

मगर चौथे दिन पटवारी फिर हाजिर। बोला, मामला थोड़ा पलट गया है। बीच में एक साझीदार ने रेट कुछ बढ़ा दिया। अब डेढ़ के बजाय दो पर छूट रहा है मामला। नवहे बिलबिलाए, झुंझलाये, फनफनाये, मगर मान गये। पस्त बुढ़ऊ दल ने भी मुंडी हिला दी।

बाद में किसी ने खबर सूँघी कि सरपंचों ने टाँग अड़ा दी थी। कहा, ''आप लोग तो हाकिम-हुक्काम हो भाई, आपके पैंतीस ठिकाने। हमारा क्या, कमाई के कभी-कभी मौके हाथ लगते हैं। आपका तो पन्द्रह पैसे में गुजारा हो जाएगा। हमारा काम तो यहीं खत्म। आप तो जितनी बार पट्टा होगा, जितनी बार रजिस्ट्री होगी, कमीशन लेंगे। हमारा क्या, यहीं का यहीं खत्म। आगे कौन पूछने वाला। गाँव ही न रहेंगे तो हम कहाँ के सरपंच। हमसे ज्यादा तो आप त्याग नहीं कर रहे। पंद्रह पैसे में नहीं हो पाएगा, भाई। पैंतीस पैसा दिलाओ नहीं तो करवा देंगे आन्दोलन, रद्द करा देंगे सारा काट्रैक्ट। अब आप सोचो, अपनी नौकरी के बारे में।... डाल देगी सरकार डंडा आपके उसमें।'' डरा पटवारी, मान गया बात।

मगर नवहे फनफनाये, मारो सालों को, तोड़ दो टाँगें। फिर डाली बर्फ उनके उबाल पर किसी ने। दिया नियम-कायदे, नीति वगैरह का हवाला। बड़ी मुश्किल से शान्त हुआ मामला। जो पहली किस्त मिली थी उसमें से सभी किस्तों का कमीशन पहले ही जमा करा दिया गया।

अब कोई बाधा, कोई परेशानी नहीं। गाँव भी खुश, अधिकारी भी खुश। हड़हड़-भड़भड़ रोज बढ़ती रही। काम चलता रहा।

000

वह जून शुरू का कोई दिन था, जब भयानक आँधी आयी। लगा, सब कुछ उखाड़ ले जाएगी। बुढ़ऊ पार्टी घर में बैठी सोच रही थी कि यह पाप का नतीजा है। अपनी धरती माँ को बेच देने के पाप का। ऐसी ही आँधी आयी थी जब जमरूदपुर गाँव के लोगों ने अंगरेजों के पच्छ में गवाही दी थी। आलमपुर के मुसलमानों ने मार के गाड़ दिया था एक अंगरेज सिपाही को। जमरूदपुर वालों की गवाही पर पाँच मुसलमानों को सजा हुई थी। जिस दिन वे जेल गए उसी दिन उठा था बवंडर। सारे जमरूदपुर को उखाड़ फेंका था। एक भी घर साबुत नहीं बचा। नौगाँवाँ के लोग अब तक नहीं भूले हैं उस बात को। बुढ़ऊ दल डरा हुआ था कि अब होके रहेगा नौगाँवाँ का विनाश। मन ही मन मना रहे थे कि उड़ा ले जाओ सारे बुलडोजर, रोलर, सारे आबाकाबा सरकार के, मगर छोड़ दो भगवान हमारे गाँव को।

मगर गाँव भी बचे रहे और सरकार के साजो-सामान भी। कुछ छान-छप्पर और सरकारी रावटी-तम्बू जरूर उखड़-पछड़ गए, मगर कोई भारी क्षति नहीं हुई। बुढ़ऊ दल ने खैर मनाई और नहीं भी।

पहली किस्त का पैसा मिला तो नौगाँवाँ में सबसे पहला काम हुआ कि पुराने घर टूटने लगे। नयी चाल के घर बनने लगे। जिनके घर अभी पुराने नहीं हुए थे, उन्होंने भी तुड़वा के नया बनाना शुरू कर दिया। बड़े-बड़े, हर सुविधा वाले घर। बाथरूम, डाइनिंग हॉल, टीवी रूम, गेस्ट रूम वाले घर। देश-विदेश के नक्शों की नकल शुरू हो गई। नवहों का तर्क कि आदमी को जरूरत किस बात की होती है, भाई रोटी, कपड़ा और मकान की। मकान पहले, रोटी-कपड़ा का इंतजाम अगली किश्त मिलने के बाद। अरे अभी तक रहते आये थे छान-छप्पर में, कच्चे-भद्दे मकान में। ससुर कोई रिश्तेदार आ जाएँ, चार ठो मेहमान आ जाएँ तो न बैठाने की जगह न उठाने की। दूसरे घरों से खटिया-बिछावन माँगना पड़ता है। अब पैसा आया है तो कम से कम ठीक से रहें तो सही।

"मगर भइया, ई घरे में पैखाना काहें बनवा रहे हो। क्रिस्तानी चाल तो मत चलो।" किसी बुढ़ऊ ने टोका।

"अरे जब सीवाने नहीं रहेगा तो कहाँ जाएँगे पैखाना करने। घरे में न इन्तजाम

करना पड़ेगा। यहाँ चारों ओर बड़ी-बड़ी बिल्डिंग बनेगी, पार्क बनेंगे। शरीफ लोग आएंगे रहने। उनके घर के आगे तो लोटा लेके बैठेंगे नहीं। अरे, औरतों के बारे में भी सोचो। आज तक तो सोचा नहीं, अब भी पुराने ढंग से रखना चाहते हैं उनको?''

तो भइया, इस तरह जिधर देखो उधर तोड़-फोड़, नया घर बनाने का काम चलता रहा। जो राज मिस्त्री दिल्ली-लखनऊ जाके काम करते थे, लौट आये थे अपने-अपने गाँव।

मगर इस विकास में आधे आलमगंज का आलम अलग था। वहाँ जिन लोगों के खेत-खलिहान विकास परियोजना में आये, जिन्हें मुआवजा मिला वे तो आनन्द मना रहे थे, मगर जो वंचित रहे वे मायूस थे। ताका करते दिन भर उन लोगों के घरों की ओर, जिनमें काम चल रहा था। मगर इतराते हुए कहते कि भइया, अच्छा हुआ हमारी जमीन-जायदाद नहीं गयी सरकारी नक्शे में। जमीन है तो जिन्दगी है, वरना क्या है अपना। खेती-बारी है तो उगता रहेगा खाने-चबाने भर का, दूसरे के आगे हाथ तो नहीं पसारना होगा। वही नहीं रहेगा तो बाल-बच्चों का भगवाने मालिक हैं। माँगते फिरेंगे भीख।

नवहे जानते थे कि ये सब बातें हताशा से निकली हुई हैं। ऐसा कहने वालों को वे पलटकर अपने तरीके से जवाब दे देते।

इसी आलमगंज के रामकिशोर मिसिर के बेटे अमरजीत ने कुछ अलग रास्ता अपनाया था। नवहों की जमात में न पहले शामिल था, न अब हुआ। छोटा पुराना घर होने के बावजूद उसने उसे ठीक कराना जरूरी नहीं समझा। पहले रोटी के इन्तजाम के बारे में सोचा। मुआवजे की पहली किस्त से हजार गज जमीन खरीदी ठीक एक्सप्रेस-वे के किनारे, जहाँ होटल-रेस्तराँ के लिए नक्शे में जगह मुकर्रर थी। अगली किस्तों के पैसे की भी उसके पास बकायदा योजना थी। बैंक से कर्ज लिया और बनवा लिया उसी जमीन पर रेस्तराँ।

उसके इस फैसले पर पहले तो नौगाँवाँ में चर्चा चली कि यह भी कोई धन्धा है। बाभन का बच्चा होके दूसरों के जूठे बर्तन धोएगा। मास-मच्छी बेचेगा। राम राम, सचमुच कलजुग आ गया। अरे, धन्धा ही करना था तो कुछ और कर लेता।

मगर नौगाँवाँ को उसके फैसले का महत्त्व समझ में आया बाद में। साल भर बाद जब चारों ओर शुरू हुई चमक-दमक। लगने लगे कल-कारखाने। गाड़ियों की रेलमपेल। जगह-जगह बिल्डरों और कारोबारियों की होर्डिंगें रात में चमकने लगीं। हर लोकल नेता के होली-दिवाली, ईद-क्रिसमस पर बधाई के पोस्टर चिपकने लगे। जब-तब जगराता और किसी न किसी दाढ़ी-बेदाढ़ी वाले बाबा का कार्यक्रम भी होने लगा। नौगाँवाँ नये-नये त्योहारों से परिचित हो रहा था। गली-नुक्कड़ से नये-नये नेता, प्रापर्टी डीलर, कंस्ट्रक्शन कारोबारी निकलने लगे। नौगाँवाँ पहचानने लगा हर प्रजाति के लोगों को। दूर से ही देख के कोई बता सकता था कि कौन क्या काम करता है।

मसलन, सफेद पैंट-शर्ट, हाथ में ब्रेसलेट और अँगूठियाँ, गले में सोने की मोटी चेन धारे, गाड़ियों के डैशबोर्ड पर वैष्णो देवी, साईं बाबा, तिरुपति बालाजी की तस्वीर सजाए प्रापर्टी डीलर। सफेद कुर्ता-पैजामा, कलाई पर मोटा लाल धागा, गले में रुद्राक्ष की स्वर्ण जटित माला और आगे-पीछे दो-चार चेले-चमचे, घड़ी-घड़ी कान पर मोबाइल चिपकाते लोकल नेता। पहले इनमें से ज्यादा नेता दिन में दस रुपये का रिचार्च कराते और पच्चीस लोगों को मिस्ड कॉल देके घंटा भर बतियाते। चाय-पान किसी चेले-चमचे की जेब से होता। बदल-बदल कर दुकानों पर उधारी खाता चलाते और अगर कोई आ जाता डाँड़-सिवान का झगड़ा, पट्टीदार से अनबन का मामला लेके, किसी सरकारी योजना में हिस्सेदारी की सिफारिश कराने तो वे चेले-चमचों सहित उसे चूस लेते। चाय-पान-मिठाई-नमकीन सब उसकी जेब से, कभी-कभी रात को मुर्गमुसल्लम के साथ आबे-मदहोशी भी।

मगर जबसे मुआवजा मिला है, ये नेता किसी चेले-चमचे की मोटरसाइकिल के पीछे बैठने के बजाय स्कार्पियो, टाटा सफारी, होंडा सीआरवी, पजेरो, टोयटा फरचूनर से चलने लगे हैं। जो चेले पहले मोटरसाइकिल चलाते थे, अब कार घुमाने लगे हैं। चमचों की कमर में तमंचे की जगह पिस्टल और राइफलें आ गयी हैं। उनमें से कितनी लाइसेंसी हैं, यह तो प्रशासन ही बताएगा। इन नेताओं ने साइड बिजनेस खोल लिया कंस्ट्रक्शन का। अभी तक ये डाँड़-सिवान के झगड़े में थाना-कचहरी के अधिकारियों से बीच-बचौवल कराते, मामला निपटवाते थे, अब जमीन-जायदाद की खरीद-बिक्री में हेराफेरी, नक्शा बदल, भूमि उपयोग बदल वगैरह के मामले सुलझाने-सुलटाने लगे हैं।

घर में घूँघट काढ़े बैठी रहने वाली औरतें भी पड़ गयी थीं बिजनेस के फेर में। कोई नये ढंग की सिलाई सीखने बाहर निकली तो कोई हजामत बनाने का हुनर हासिल करने। जो कुछ पढ़ी-लिखी थीं वे स्कूल-पालनाघर जैसे रोजगार का नक्शा खींचने लगीं। इस तरह उनका घूँघट पहले ललाट तक चढ़ा फिर कन्धे पर गिर आया।

खैर, बात हो रही थी अमरजीत के रेस्तराँ की। वह दिन भर राह चलते मुसाफिरों से गुलजार रहता तो रात को प्रापर्टी डीलरों, नेता कम कंस्ट्रक्शन कारोबारियों से। हजार गज में से पाँच सौ गज पर किचेन और खाने-बैठने का बड़ा-सा हॉल और पाँच सौ गज पर हरी घास का लॉन। रंग-बिरंगे पौधे, फूल-पत्ते। एक किनारे बच्चों के लिए झूला भी। वहीं सामने एक गोल चबूतरा-सा, जिस पर आखिरी किस्त मिलने के बाद अमरजीत की एक बीएमडब्ल्यू मोटरसाइकिल खरीद कर खड़ी करने की योजना थी। वहाँ मांस-मच्छी जरूर मिल जाती थी खाने को, मगर शराब पीना सख्त वर्जित था। खाना ऐसा लाजवाब कि जिसे एक बार चस्का लग जाए, दूसरी जगह का खाना पसन्द नहीं करता। पता नहीं कहाँ से ले आया था अमरजीत दो-तीन ठो कुक पकड़ के। मुँह मांगी तनख्वाह देता था। ढाबा-रेस्तरां तो चलता ही स्वाद पर है, सो चल गया।

अमरजीत की देखा-देखी एक नेताजी के चमचे तेजेश्वर ने भी कुछ दूरी पर खोला

एक रेस्तराँ- दो हजार गज में। अमरजीत के रेस्तराँ से ज्यादा साज-सज्जा, बैठने-उठने की ज्यादा जगह। चोरी-छिपे शराब पीना भी अलाऊ। थाने को चढ़ावा देता था, नेता लोगों का चहेता था, इसलिए कानून की नजर उस पर पड़ नहीं पाती थी। मगर खाने में वह लज्जत नहीं ला पाया जो अमरजीत के रेस्तराँ में थी। इसलिए लोग पीने भले वहां चले जाएँ, खाने अमरजीत के रेस्तराँ में ही आते थे। खूब कोशिश की तेजेश्वर ने कोई काबिल कुक तलाशने की, मगर बात नहीं बनी। फिर अमरजीत के कुक को तोड़ने की कोशिश भी, मगर उसमें भी नाकामी ही हाथ लगी। इतने दिन काम करके कुक समझ गये थे कि तेजेश्वर के यहाँ पैसे भले ज्यादा मिल जाएँ, अमरजीत जैसी इज्जत वहां कभी नहीं मिलेगी। गाली-गलौज उसकी जुबान पर रहती है। शाम होते ही खुद नेताओं-प्रापर्टी डीलरों की मंडली में बैठ जाता है पीने। फिर तो छोटी-छोटी बात पर बम-पटाखे। ये उठा वो फेंक।

इस तरह अमरजीत, तेजेश्वर के करीबी कुछ लोकल नेताओं, प्रापर्टी डीलरों की आँख में चुभने लगा था। मगर नौगाँवाँ उसकी समझदारी की मिसाल देने लगा।

"देखो, अगर कोई तोड़ भी ले जाए उसके रसोइयों को तो उसके धन्धे पर बहुत असर नहीं पड़ेगा। खाना तो हर कोई बना लेता है, मगर असल चीज है मसाला। मसाला अमरजीत खुद तैयार करता है, घर पर। बस उसकी बीवी को मालूम है कि किस मसाले में क्या-क्या पड़ता है। उसके अलावा कोई कुक नहीं जानता। बाजार का मसाला तो हर कोई खाता है, मगर अमरजीत के मसाले का स्वाद अलग है तो वह उसका अपने हुनर से बनाया हुआ है। कोई भी कुक ले आके ट्रेंड कर लेगा चार दिन में। मगर वो कुक कहीं भी चला जाए लज्जत नहीं ला पाएगा अमरजीत के रेस्तराँ जैसी।"

"अरे भाई उसने इस्पेसल पढ़ाई की है इसकी। जब गया था मथुरा पढ़ने तो सबकी नजर गड़ गयी थी उस पर। मगर पता चला कि रसोई बनाने की विद्या पढ़ने गया है तो हंसा सारा गाँव उसके ऊपर। रामकिशोर मिसिर जिन्दगी भर शास्तर-पुराण पढ़े, लोगों का भाग्य बाँचते रहे, उनका बेटा पढ़ने भी गया तो रसोई पकाने की पढ़ाई। अरे जाता काशी, पढ़ता ज्योतिष-पुराण। मेहरारू की विद्या मरद पढ़े भला अच्छा लगता है। ये सब बातें मिसिर जी के कान में भी पड़तीं, मगर वे सीधा आदमी। जिन्दगी भर पूजा-पाठ, जजमानी करते रहे। बेटे के फैसले को ईश्वर का फैसला मानकर सन्तोष कर गये। कभी किसी को डाँटा-पीटा नहीं, सो बेटे के साथ कब ऐसा व्यवहार करते। तब तो सबने यही कहा कि डूब गया बंस मिसिर का। मगर अब देखो, क्या चमका दिया है काम। धन्धा उसने गन्दा जरूर चुना, मगर अपने संस्कार नहीं गँवाये।"

"अरे भइया धन्धा तो धन्धा है। बजार में कौन देखता है कि किसकी जात क्या है। बड़े शहर में जाओ, बाभन लोग जूता बेचते हैं। खुदे पहनाते हैं गाहक के पैर में।

उससे तो अच्छा ही है, मिसिर जी के बेटे का धन्धा। एक हमारे बेटे हैं, ससुरे सारा पैसा फूँक दिया घर बनाने में। अब बने फिर रहे हैं प्रापर्टी डीलर। अपनी तो प्रापर्टी है नहीं, दूसरे पर दलाली खाने को जीभ लपलपाए फिरते हैं। मिसिर जी के बेटे ने समझदारी दिखायी। मुआवजे के पैसे से प्लाट खरीद लिए। पाँच-पाँच सौ के दो प्लाट उसने और खरीदे हैं। ऊ जो तनेजा बिल्डर कॉलोनी बना रहा है उसमें एक ठो मकानो बुक कराये है। धन्धा किया तो लोन लेके। रेस्तराँ की कमाई से करता है उसकी भरपाई। जो जमीन-जायदाद खड़ा किया, वो तो जस का तस है।''

''देखिए, भगवान कभी किसी के साथ अनियाव नहीं करता। यही मिसिर जी थे, उनका छोटा भाई लड़-भिड़ के अलग हो गया। बहुत समझाये मिसिर जी, मगर नहीं माना। मिसिर जी ने कहा, ठीक है, तुम छोटे हो समझाना हमारा फर्ज है, नहीं मानते, तुम्हारी मर्जी। बाप-दादा की जमीन-जायदाद है, जहाँ चाहिए, जो चाहिए ले लो। रख दो अँगुरी। सो, जितना ऊपरवार का अच्छी फसल का खेत था और घर का जो सबसे अच्छा हिस्सा था, ले लिया उसने। मिसिर जी के हिस्से टूटा घर और नीचे की करईल माटी वाले खेत पड़े। ऊपर केवल आठ बीघा खेत मिला। मगर कर लिया सन्तोष मिसिर जी ने। खेती कराने का लूर-सहूर तो उनको था नहीं, ऊपर से खेत भी नाकस। तो खेती से तो क्या मिलता, जजमानी से जो मिल जाता उसी पर गुजारा करने लगे। अब देखिए वही नीचे वाले नाकस खेत आज मिसिर जी की किस्मत जगा गये। उनके भाई के खेत तो सरकारी योजना में आये नहीं, बईठ के चिहाए देख रहे हैं। अफसोस कर रहे हैं अपनी बेईमानी पर।''

''मगर देखिए, अमरजीत ने मिसिर जी के हिस्से आये उसी खेत में अपने चाचा से ज्यादा कमाई करके दिखा दिया। पढ़के लौटा, नौकरी का जुगाड़ हुआ नहीं, बिजनेस के लिए पैसा नहीं, सो भिड़ गया खेती में। दिन भर लगा रहता था खेत में। जिन खेतों में लोग चना-मसूर बोया करते थे, उनमें उसने हर तरह की सब्जी-तरकारी पैदा करके दिखा दी। दो साल पहिले उसने ट्रैक्टर खरीदा। खुद खेत जोतता, सिंचाई करता, फसल लाद के ले जाता बाजार। किसी बनिया-आढ़ती को खेत में नहीं बेचता था। बाजार भाव देखके बेचता। आज नीचे का खेत गया तो उसके पैसे से जमीन-जायदाद खड़ी कर ली। ऊपर आठ बीघा अब भी हैं उसके पास। खाने-चबाने भर का उगता रहेगा उसमें।''

''देखो भइया, लगन हो आदमी में तो काम कोई भी हो, बरकत देता ही है। एक हमारे बेटे हैं, ससुरों को घिन आती थी खेत में जाने से। अब देखो लगन से काम कर रहा है मिसिर जी का बेटा तो रेस्तराँ भी चल रहा है खूब। मेहनती आदमी का साथ तो भगवानो देता है।''

इन्हीं हलचलों-चर्चाओं, कसक-ठसक के बीच एक दिन रामरख राजभर ने चिपका दिया जमीन अधिग्रहण के खिलाफ समाजवादी पार्टी के जिलाध्यक्ष जामवन्त

यादव की सभा का पोस्टर। नौगाँवाँ हैरान कि अब नया बखेड़ा क्या खड़ा हो गया।

सभा हुई तो जुटे सारे लोग, देखें बात क्या है। जामवन्त गरजे, ''धोखा है यह हमारे किसान भाइयों के साथ। बताया गया कि बिजली का कारखाना खुलेगा, मगर यह नहीं बताया कि बिजली बनेगी कैसे। आपको बता दूँ कि जान बूझकर सरकार ने हमसे छिपाया कि परमाणु ऊर्जा का इस्तेमाल होगा बिजली बनाने में। दुनिया गवाह है इस बात की कि जहाँ-जहाँ परमाणु संयन्त्र लगे, वे इलाके तबाह हो गए। विकिरण फैलेगा, रेडिएशन होगा सारे इलाके में। तरह-तरह की बीमारियाँ फैलेंगी। विकिरण से फैली बीमारियों का कोई इलाज नहीं है। अगर मामूली चूक हुई, किसी ने बदमाशी की, खुन्दक में खोल दिया कोई नट-बोल्ट, किसी दुश्मन, किसी आतंकवादी ने सेंध मार दी कारखाने में तो जिस तरह सो गये थे भोपाल में हजारों लोग मिनटों में सदा-सदा के लिए, वैसे ही यह इलाका नेस्तनाबूद हो जाएगा पलक झपकते। मगर सरकार को पैसा चाहिए। बुला रही है अमेरिका से बिजली बनाने वाली कम्पनी। अमेरिका को क्या परवाह हमारी जिंदगी की। अरे, जिस सरकार को हमने चुनकर गद्दी पर बिठाया है, उसे तो होना चाहिए। मगर नहीं। भाइयो, नहीं होने देंगे अपनी जिन्दगी की कीमत पर हम ये सौदा। यह सभा सरकार को चेतावनी देने के लिए है। चेतो, नहीं तो गद्दी छोड़ो।''

नौगाँवाँ में नयी फुसफुसाहट। ''कह तो जमवन्तवा ठीके रहा है। धोखा हुआ है हमारे साथ।'' बुढ़ऊ दल को मौका मिल गया। लगे कोसने नवहा दल को।

नवहा दल की दुविधा कि क्या करें। बिजली परियोजना का समर्थन या विरोध। मुआवजे की आखिरी किस्त भी मिल गयी। सारे खेतों पर पाटा फिर गया। कम्पनियों ने गाड़ दिये जगह-जगह अपने बोर्ड। आधा से अधिक इमारतें खड़ी हो गयी। सड़कें बन गयी। अब अगर सरकार अपने कदम वापस भी खींच ले तो क्या इस पर पहले की तरह खेती हो पाएगी। अगर सरकार माँग ले तो कहाँ से लौटाएँगे मुआवजे का पैसा। सारा तो खर्च हो गया।

ऐसे में तारनहार बनके आये बसपा के जिलाध्यक्ष रामनाथ कुशवाहा। जामवन्त यादव का मुँह तोड़ जवाब देते हुए भ्रम निवारण किया। ''राजनीति कर रहे हैं जामवन्त जी, राजनीति कर रही है सपा। जामवन्त जी तब कहां थे जब मुलायम-अमर सिंह की जोड़ी बुलन्दशहर, अलीगढ़, मेरठ, मुरादाबाद, गाजियाबाद को बेच रही थी। अपने करीबी उद्योगपतियों को कौड़ियों के भाव बाँट रही थी किसानों की बेशकीमती जमीन। अब माननीया मायावती जी सचमुच विकास की योजनाएँ चलाना चाहती हैं, चाहती हैं कि प्रदेश में खुशहाली आये तो इन्हें राजनीति सूझ रही है। मत आइए आप लोग उनके बहकावे में। झूठ बोल रहे हैं जामवन्त। सरासर झूठ। यह परमाणु बिजली घर दुनिया में पहली बार नहीं बन रहा है। उम्दा इन्तजाम होते हैं इसकी सुरक्षा के। आतंकवादी तो क्या दुनिया की कोई ताकत नहीं, जो सेंध लगा सके इसकी सुरक्षा में।

कंप्यूटर का ऐसा इन्तजाम होता है कि मामूली चूक भी हो तो पूरा कारखाना अपने आप बन्द। जैसे चेन खींचो तो पूरी ट्रेन वहीं के वहीं रुक जाती है, वैसे ही कम्प्यूटर मशीन की चेन खींच देता है। निश्चिन्त रहिए आप लोग। अरे, सरकार नासमझ है तो क्या वो कारखाना लगाने वाले भी नासमझ हैं? वे अरबों रुपये इसलिए थोड़े लगा रहे हैं कि मशीन आपको मारने के काम आये। सपा के लोग सदा से भ्रम फैला के वोट की राजनीति करते रहे हैं। देखी नहीं जा रही आपकी तरक्की उनसे। अब जब सारी परियोजना तैयार होने वाली है, ये कहते हैं लौटा दो पैसा सरकार को। जैसे माचिस की डिबिया खरीदी, पसन्द नहीं आयी तो वापस कर दिया। तरस आता है इन लोगों की समझ पर।''

नौगाँवाँ ने राहत की साँस ली। फिर से चहल-पहल लौट आई।

000

इस बीच दो और घटनाएँ हुईं। आधे आलमगंज का चेहरा भी खिल उठा। जिस हिस्से की जमीन सरकारी परियोजना के नक्शे में नहीं आ पायी थी उधर कई कम्पनियों ने अपने नक्शे बिछा दिये। स्कूल-कॉलेज खोलने के लिए। सरकारी रेट से करीब दो गुना पैसा देने का एलान कर दिया। लोग खुद जा-जा के बेचने लगे अपने खेत। जैसे हाट में आलू-प्याज-भिंडी बेचते हैं।

दूसरी घटना यह कि अमरजीत के रेस्तराँ के बगल में एक एकड़ जमीन पर कलकत्ते के मशहूर मिठाई वाले चिरौंजीलाल ने एक भव्य रेस्तराँ खोल लिया। टूट पड़ी भीड़ उधर मिठाई-गोलगप्पा-जलेबी खाने। कोई खबर सूँघ के लाया कि चिरौंजीलाल के साथ सपा के पूर्व विधायक सुमेरचन्द ने साझेदारी की है। उसके किसी बहू-बेटे के नाम से साझेदारी है। लागत सुमेरचन्द की, कारोबार चिंरौजी का। मुनाफे में आधा-आधा। मगर छिपाया गया है।

''मगर ई नेतवा सबको का जरूरत है जमीन-जायदाद खरीदने, कारोबार करने की। नेतागीरी करते हैं, करें। काहें इस बनियागीरी में पड़ रहे हैं!'' किसी ने कहा।

''धुत। तुम ससुर रहोगे बुड़बक का बुड़बके। माटी सबसे अच्छी जगह है पैसा छिपाने की। पुराने जमाने से लोग पैसा दबा-छिपा के रखते थे जमीन में। अब भी रखते हैं, तरीका थोड़ा बदल जरूर गया है। धरती माई की छाती इतनी विशाल है कि पैसा पाप का हो चाहे पुन्य का, काला हो चाहे सफेद, सब चुपचाप दबा के रख लेती हैं। नेता लोग पाप की कमाई बैंक में तो रख नहीं सकते, घर में भी रखेंगे तो पकड़े जाएँगे, इसलिए माटी में छिपा देते हैं। तुम का समझ रहे हो, अकेले सुमेर ऐसा कर रहा है? कितने नेताओं ने इस इलाके में बेनामी जमीन खरीदी है, तुमको पता ही नहीं होगा। धीरे-धीरे होगा खुलासा।''

ऐसी बतकही का अन्त नहीं होता। जितने मुँह उतनी बातें।

खैर। आधे आलमगंज में जमीन की कीमत बढ़ी तो सपा के जिलाध्यक्ष जामवन्त यादव ने रिसर्च शुरू किया। तथ्य हाथ लगा कि राज्य सरकार ने जिस कीमत पर किसानों से जमीन खरीदी है उससे कई गुना अधिक पर कारोबारियों को बेचा है। बस, मौका हाथ लग गया आन्दोलन को नये सिरे से जिन्दा करने का। कर दी घोषणा विशाल रैली की। उसमें पूर्व विधायक सुमेरचन्द के साथ-साथ पार्टी के राष्ट्रीय महासचिव भोलानाथ यादव ने भी शिरकत की सहमति दे दी।

रैली में घोषणा हुई कि, "किसानों को लूटा गया है। कम दाम पर जमीन खरीदकर उद्योगपतियों को ऊँची कीमत पर बेचा गया है। जबर्दस्त कमीशन खोरी चली है ऊपर तक पैसा पहुँचा है। अपने करीबी लोगों को मुफ्त में जमीन बाँटी जा रही है। उधर हमारी सेहत और जान की कीमत पर बिजली बनाने का कारखाना लग रहा है। सरकार की ये मनमानी नहीं चलेगी, नहीं चलेगी।" कई प्रमाण पेश किये गये।

नौगाँवाँ के नौजवानों को बात जँच गयी। उम्मीद जगी कि अगर आन्दोलन का साथ दिया तो मुआवजा बढ़ के मिल सकता है। नयी उम्मीद, नये सपने जगने लगे। गूँजने लगा नारा- जामवन्त जिन्दावाद, सुमेरचन्द जिन्दाबाद। जो नौजवान अभी तक मुआवजे की खुमारी में मुस्की काटते घूम रहे थे उनके चेहरे तमतमा उठे। लाठी-डंडा लेकर निकल पड़े।

आन्दोलन को जोर पकड़ते देख दूसरे विपक्षी दलों ने सुर में सुर मिलाया- "अन्याय हो रहा है किसानों के साथ।" आए दिन किसी न किसी पार्टी का कोई बड़ा नेता दौरे पर आने लगा। किसी न किसी पार्टी की रैली होने लगी। राज्य सरकार हर नेता पर पलटवार करने लगी। उन्हें अपने गिरेबान में झाँकने को झकझोरती रही। इस तरह चलता रहा हाँव-हाँव, कच-कच।

इससे किसानों का पक्ष मजबूत हुआ। सरकार को हिलाने का विश्वास जगा। कुछ नवहे मिलकर गये, इलाहाबाद हाईकोर्ट में मुकदमा ठोंक आये मुआवजा नीति के खिलाफ। मगर बुढ़ऊ दल में हुक्के की गुड़गुड़ के बीच किसी की बुड़बुड़ निकली, "कुछ नहीं होगा ई सबसे। चलेगा मुकदमा बीस साल। तब तक सब मामला ठंडा। कितनी जगह तो चल रहा है मुकदमा, क्या निकला। कुछ नहीं। उनमें से जहाँ फैसला आया भी किसानों को मुआवजे की कुछ रकम जरूर बढ़ के मिल गयी, हालत तो नहीं सुधरी। नवहे उन गाँवों के कर रहे हैं गुजारा चौकीदार, चपरासी, बेचूराम बन के जैसे-तैसे। इस सबसे किसी को फायदा हुआ तो नेता और बनिया सब को।"

पूरा नौगाँवाँ आन्दोलित था, मगर उससे कारोबारियों के कामकाज पर कोई फर्क नहीं पड़ा। एक तरफ घेराव-प्रदर्शन, अनशन-उपवास, रास्ता रोको होने लगा तो दूसरी तरफ बाहरी कारोबारी आकर भीतर-भीतर जहाँ-तहाँ जमीन-जायदाद खरीदते-बसते,

कारखाना लगाते रहे। कोई स्कूल खोल रहा था तो कोई इंजीनियरिंग, मैनेजमेंट, मेडिकल कॉलेज। कोई बड़े-बड़े गोदाम खोल रहा था तो कोई निर्यात केन्द्र। अब इंडस्ट्रियल गाँव का घेरा नौगाँवाँ तक सीमित नहीं रहा, आसपास के गाँव भी इसमें शामिल होने लगे। कुछ स्वेच्छा से, कुछ लोभ-लाभ, दबाव-प्रभाव में।

ऐसे ही माहौल में एक रात रेस्तराँ से घर लौटते वक्त अमरजीत की सड़क दुर्घटना में मौ़त हो गयी। सारा नौगाँवाँ सन्न। तरह-तरह की चर्चाएँ। कुछ ने कहा कि अमरजीतवा भी शराब पीने लगा था और उसी नशे में मारा गया।

मगर ज्यादातर लोग इसे हत्या मान रहे थे। बार-बार जामवंत और सुमेरचन्द की तरफ उँगलियाँ उठतीं। कयास और सुनी-सुनायी बातों से उपजा विश्वास प्रमाण के रूप में मौजूद था। किसी ने बताया, महीना भर पहले बुलाया था जामवन्त ने अमरजीत को अपने पास। कहा, बेच दो रेस्तराँ। चिरौंजीलाल स्वीट्स वाले मुँह माँगी रकम देने को तैयार हैं। तुम्हारा रेस्तराँ सामने आ जाने से उनका काफी हिस्सा छिप जाता है। गाड़ियाँ वगैरह खड़ा करने में लोगों को मुश्किल आ रही है। बताओ, कितनी रकम चाहिए। वो देने को तैयार हैं। खोल लो कहीं और अपना रेस्तराँ। पैसे ज्यादा मिलेंगे तो कहीं बड़ी जगह खरीद लो।

मगर तुनक गया अमरजीत। कैसे बेच दें अपना खून-पसीने से तैयार किया धन्धा। बहुत समझाया जामवंत ने। लोभ दिए, लाभ गिनाए, धीरे से ताकत की तुंबी भी लगाई। मगर अमरजीत नहीं तैयार हुआ तो नहीं हुआ।

फिर नतीजा यह हुआ कि तीसरे दिन थाने से दो सिपाही आए, अमरजीत को धमकाया कि यहां सड़क के किनारे गाड़ियां खड़ी नहीं होनी चाहिए। लगा गए उसके रेस्तराँ के सामने एक बोर्ड- यहाँ गाड़ी खड़ी करना दंडनीय अपराध है। आदेशानुसार- थानाध्यक्ष।

नौगाँवाँ में फुसफुसाहट कि यह अमरजीतवा का धन्धा चौपट करने की चाल है।

अमरजीत टेंशन में जरूर आया, पर बिल्कुल नहीं घबराया। जगह होती तो गाड़ियां पार्क करने के लिए अलग से जगह बना देता। नजर गयी रेस्तराँ की दायीं बगल खाली पड़े पाँच सौ गज के प्लाट पर। सोचा, इसे खरीद लेंगे तो काम बन जाएगा। दिखा देंगे चिरौंजीलाल स्वीट्स को। मगर प्लाट खरीदने की बात की तो पता चला कि चिरौंजीलाल स्वीट्स वाले पहले ही उसका बयाना दे चुके हैं। दिल में धक से हुआ, मतलब कि मुझे तबाह करने की पूरी रणनीति बन चुकी है।

नौगाँवाँ जो कुछ देर तक फुसफुसा कर बातें कर रहा था कि अमरजीत को मरवाया है जामवन्त और सुमेरचन्द ने मिल कर, दोपहर होते-होते खुल कर कहना शुरू कर दिया। लाश थाने से पोस्टमार्टम के लिए अस्पताल पहुँचाई गयी। शाम को रिपोर्ट मिली कि शराब के नशे में गाड़ी चलाते हुए दुर्घटना हुई। इसलिए गाँव वालों

के लाख कहने के बावजूद थानेदार ने एफआईआर लिखने से मना कर दिया। थक-हार के लाश उठाई गई, दाह-संस्कार कर दिया गया।

मगर नौगाँवाँ का विश्वास अटल था। किसी सयाने ने घोषणा की कि बदलवा दी है पोस्टमार्टम रिपोर्ट जामवंत और सुमेरचन्द ने मिलके। ससुरे भाषण तो बहुत दे रहे थे कि हमारी जमीन बचाने के लिए जान दे देंगे, लेकिन ले लिया अपनी जमीन के लिए जान हमारे ही आदमी की। करके रहेंगे परदाफाश।

अगले दिन कोई खबर सूँघ लाया कि जामवन्त और उसके चेले-चाटी उस रात करीब सवा ग्यारह बजे पीके निकले थे तेजेश्वर के रेस्तराँ से। उसी टाइम अमरजीत भी अपना रेस्तराँ बन्द करके निकला था घर के लिए। हाइवे पर अमरजीत मोटरसाइकिल से आगे-आगे चल रहा था, पीछे से जामवन्त की स्कार्पियो। किसी चमचे ने पहचाना तो नशे में हुलकारा ड्राइवर को, "अमरजीतवा है बे, दबा दे साले को। कब से भइया जी समझाने की कोशिश कर रहे हैं, मानता ही नहीं साला। नेताजी अलगे टेंसन में चल रहे हैं। दबा दे साले को, मर जाएगा तो देखते हैं कौन चलाता है रेस्टोरेंट। फिर तो जमीन अपनी।"

भीतर की खबर है कि जामवन्त ने जरूर उस दिन कुछ ज्यादा पी ली थी और पीते हुए लगातार अमरजीत को गाली देता रहा था, मगर उसकी आत्मा ने ऐसा करने की गवाही नहीं दी। उसने हाथ के इशारे से चेले को ऐसा करने से रोका था। मगर चेले के बहुत हुलकारने पर उसने मुँदी आँखें आधी खोलीं और बायाँ हाथ उठाकर कुछ ऐसे घुमाया था जैसे मुजरा सुनते हुए कोई रईस, बाई जी के किसी बोल पर दाद देता है। चेले और ड्राइवर ने उसको मंजूरी की मुहर की तरह देखा। और अमरजीत की जिन्दगी का वही आखिरी समय था।

खबर सुँघवा यह भी खबर सूँघ कर लाया कि अमरजीत को गाड़ी से दबाने के बाद जामवन्त का ड्राइवर पगला गया था। वह अंटशंट बक रहा था। इसलिए उसको भेज दिया गया है वैष्णो देवी। साथ में जामवन्त का एक भरोसेमन्द चमचा भी गया है कि वह कहीं कुछ बक न दे। देखो, जिन्दा लौटता है कि ढिमिला जाता है किसी पहाड़ से नीचे।

नौगाँवाँ के लिए इतना प्रमाण काफी था। लोग गये फिर से अमरजीत की सिसकती-बिलखती बीवी को लेकर थाने। मगर फिर एफआईआर लिखाने में कामयाबी नहीं मिली। किसी ने कहा कि चलते हैं रामनाथ कुशवाहा के पास। सत्तारूढ़ दल का नेता है। सपा से खिलाफत है। जरूर मदद करेगा। मगर वहाँ जाकर भी निराशा ही हाथ लगी। रामनाथ ने कहा कि भइया, खाली शक की बुनियाद पर किसी के खिलाफ मुकदमा न कराओ। दिखाओ पुख्ता प्रमाण, मैं हूँ आप लोगों के साथ। जामवन्त राजनीतिक आदमी है, उससे दुश्मनी मोल लेना ठीक नहीं। जो मर गया वो तो वापस आएगा नहीं, आप जरूर परेशानी में पड़ जाओगे।

नौगाँवाँ समझ नहीं पाया कि यह रामनाथ की धमकी थी या चेतावनी। वह जामवन्त से दुश्मनी निभा रहा था कि दोस्ती।

नवहे अब भी फनफनाये हुए थे। मगर बुढ़ऊ दल में से किसी ने परमज्ञानी की तरह अनुभव की बात कही- राजनीति में कोई किसी का दुश्मन नहीं होता, भइया। चुप मार के बैठ जाओ। जो है सो कि ई नौगाँवाँ में पहिला हादसा है, देखते रहो अभी क्या-क्या होता है। अब नेता और शहर के बनिए राज करेंगे यहाँ। जिन्दा रहना है तो जैसे खेत बेचा, खुद को बेचना सीख लो। अभी तो उजड़ने-बसने का सिलसिला शुरू हुआ है।

पहली बार नवहा दल ने बुढ़ऊ दल की किसी बात पर प्रतिक्रिया नहीं दी। चुपचाप सुना।

000

ट्रिकल डाउन

करीब तीन साल बाद उनका फोन आया था। उनका यानी छोटकन बाबू यानी कविराज मिश्र यानी सुमन्त कविराज का। ठीक वैसे ही, जैसे पाँच साल पहले अप्रैल की पहली तारीख को उन्होंने पूरे अधिकार के साथ सुबह-सुबह अपने प्रकट होने की सूचना दी थी- 'भइया, अबहीं सोइए रहे हैं का। अरे जाग जाइए महराज, कीरिन फूटने के बाद सोते रहने से किरिनवाही हो जाता है। माथा दुखाने लगता है। याददास्त कमजोर होता है...' उन्हें शक हुआ होगा कि शायद मैं उन्हें पहचान नहीं पा रहा हूँ तो उन्होंने अपना परिचय देते हुए बोलना शुरू किया था, छोटकन बोल रहे हैं... कविराज।

रविवार को अक्सर देर से उठना और देर तक बरामदे में पैर फैलाकर अखबार पढ़ना जैसे आदत बन चुकी है। उस दिन भी मैं बरामदे की फर्श पर बैठकर अखबार पढ़ रहा था, जब उनका फोन आया।

हैरानी हुई कि छोटकन बाबू को मेरा नया मोबाईल नम्बर कहाँ से मिला। पिछले छह महीनों में मेरे तीन फोन खो चुके थे। ...दिल्ली की बसों में अपना शरीर सम्भालना मुश्किल होता है, आदमी फोन का ध्यान कैसे रखे। चतुर से चतुर आदमी को भी जेबकतरे धोखा दे जाते हैं।... जब-जब फोन खोया, नया नम्बर ले लिया। पुराना नम्बर लेना टेढ़ा काम है।... पुलिस में रिपोर्ट लिखाओ, फिर कम्पनी वालों को बताओ। जितने पैसे खर्च करने और परेशानी के बाद पुराना नम्बर मिलता है उससे कहीं कम खर्च करके नया मिल जाता है। मगर जो नम्बर फोन के साथ चले गए, वे तो लौटने वाले नहीं। नए सिरे से नम्बर जुटाने पड़ते हैं। फिर फायदा क्या है, पुराना लेने का।... अभी पन्द्रह दिन पहले ही तो लिया है, नया नम्बर। कैसे मिल गया छोटकन बाबू को!...

आजकल किसी का नम्बर पाना कौन-सा मुश्किल काम है।... मैंने खुद को समझाया था।... ले लिया होगा बाबूजी से।... जब से मोबाइल फोन का चलन बढ़ा है, हर कोई मोबाइल पर ही सम्पर्क करना चाहता है।... लोग लैंड लाईन पर सम्पर्क करना जरूरी नहीं समझते।... किसी न किसी तरह उस आदमी तक सीधे पहुँचना

चाहते हैं।... अब हालत तो यह हो गई है कि कोई आपसे नम्बर माँगता है और लैंड लाइन का नम्बर देते हैं तो वह बे-झिझक पूछ लेता है, कोई डायरेक्ट नम्बर नहीं है आपका?... आपके और अपने बीच कोई माध्यम पसन्द नहीं करता।... अरे भइया समझो तो सही, आप जिसको फोन कर रहे हो, वह आपसे बात करने की स्थिति में है भी कि नहीं। आपको अपनी पड़ी है और वह बेचारा बीवी से लड़कर तनाव में बैठा है, बच्चों से कुढ़ा बैठा है, बॉस से फटकार सुना हुआ है।

...आधुनिक समाज भी अजीब बन चुका है। बाजार चाहता है कि आप तनाव में हों, परेशानी में हों तब भी मुस्कुराएँ। हँस के बात कीजिए। घरेलू तनाव को प्रोफेशनल जिन्दगी में आड़े न आने दीजिए।... नहीं होता भइया, हमसे। हम गाँव से आए लोग हैं।... हमने आपके फैशनेबल कपड़े पहनना सीख लिया, अपने बोलने का लहजा सुधारने की कोशिश कर रहे हैं, यह क्या कम है!... हमें कितना बदलोगे भाई!...

खैर, प्रसंग तो था छोटकन बाबू का, मैं भटक क्यों रहा हूँ!... उनसे बात करते हुए मैंने सोचा। फिर जवाब दिया था, "हाँ हाँ, आवाज सुनते ही पहचान गया था।... क्या हालचाल हैं?"

"हालचाल तो बहुत ठीक नहिंए है। पटना छोड़ दीएँ। दिल्ली आये हैं आप लोग की सरन में। अब्बे मगध से उतरे हैं। इस्टेसनवे से फोन मिलाये हैं आपको। घरे पर हैं न आप? आज तो अतवार है, कहीं जाना-वाना तो नहीं है?... अच्छा ई बताइए, चार सौ तैंतालीसे नम्बर बस न लेना है आपके यहाँ पहुँचने के लिए?"

"हाँ-हाँ वही आती है।... मगर अचानक दिल्ली! बताया नहीं। ...कोई काम-वाम देख लिया है क्या यहाँ?" मैंने पूछा था। मुझे उनका इस तरह अचानक आना अटपटा लगा था। ...दिल्ली में हम खास से खास लोगों के पास भी जाते हैं तो पहले पूछ लेते हैं कि वे खाली तो हैं। हमारे आने से उनकी दिनचर्या में कोई खलल तो नहीं पड़ेगी।... और एक ये लोग हैं कि इन्हें इस बात की परवाह ही नहीं कि हम किस हाल में हैं, हमारा क्या प्रोग्राम है। बस जब मन हुआ चले आये।...

छोटकन बोले जा रहे थे, "नहीं, देखा तो नहीं है। देखेंगे।... इतना बड़ा शहर है... राजधानी है महराज, भूखों थोड़े मरेंगे।... पहुँचिए रहे हैं आपके पास घंटा भर में। बतियाते हैं।... कुछ काम बताइएगा आप भी।... अभी तो काटते हैं फोन।" उन्होंने कहा और फोन काट दिया था। दूसरी कॉल लगे उससे पहले ही उन्होंने फोन रख दिया होगा।

फोन रखने के बाद मैं सोचता रहा कि पता नहीं कितने दिन के लिए आ रहे हैं।... जब आदमी किसी काम से आता है तो उसका तय रहता है कि कितने दिन रुकेगा। कब जाएगा।... छोटकन बाबू तो बिना किसी लक्ष्य के आ रहे हैं। दिल्ली में नौकरी ढूँढ़ने आ रहे हैं। पता नहीं कब नौकरी मिलेगी, मिलेगी भी या नहीं। तब तक

मेरे यहाँ टिकेंगे।... आदमी खुद चाहे जैसे रहे, जो मर्जी खाए, न खाए। मगर कोई मेहमान आ जाता है तो उस पर विशेष ध्यान देना पड़ता है।...

मैंने पत्नी को आवाज दी थी, "अरे सुनो, छोटकन बाबू का फोन था। आ रहे हैं थोड़ी देर में।"

"अच्छा। दिल्लिए में रह रहे हैं का?"

'अरे नहीं, पटना से आ रहे हैं। वहाँ नौकरी छोड़ दी है। यहाँ ढूँढ़ने आ रहे हैं। नाश्ता-वाश्ता बना लेना उनके लिए भी।'

'ठीक है।'

पत्नी अन्दर चली गईं तो मैं अखबार पर नजरें टिकाए सोचता रहा।... गाँव से चाहे कोई भी आये, पत्नी को बहुत खुशी होती है। दिन भर कुछ न कुछ बनाती रहती हैं, खाने-पीने को।... अब लग जाएँगी छोटकन बाबू की आव-भगत में। वे भी आते ही मुझसे कम, भउजी भउजी करके इन्हीं से बतियाते रहेंगे। ये उनसे गाँव भर का समाचार पूछती रहेंगी। किसके बेटे-बेटी की शादी तय हो गई, किसके नहीं हुई। किसके-किसके यहाँ कोई बच्चा हुआ कि नहीं। कौन ससुराल से मायके आयी थी। किसका पति आजकल कहाँ रहता है... वगैरह-वगैरह।

छोटकन बाबू हमारे पट्टीदार हैं। बैजनाथ मिश्र के इकलौते बेटे। बैजनाथ मिश्र की पहले तीन बेटियाँ हैं। छोटकन बाबू उनकी सबसे छोटी सन्तान हैं। इसलिए उन्हें माता-पिता का सबसे अधिक प्यार-दुलार मिला। गाँव में मेरा और उनका घर अगल-बगल हैं।

बैजनाथ मिश्र एक जमाने में गाँव के सबसे सम्पन्न आदमी थे। फौज के सूबेदार पद से रिटायर हुए थे। नौकरी में रहते ही अपने छप्पर वाले घर को पक्का बनवा दिया था। लौट के आये तो सबसे पहले एक दुनाली बन्दूक खरीदी। फिर एक पुरानी अम्बेसडर कार। शादी-विवाह के दिनों में कार और बन्दूक किराए पर उठाते। बन्दूक खुद चलाते और कार के लिए एक ड्राइवर रख लिया था। मगर यह धन्धा साल भर का नहीं था, इसलिए वे दूसरे धन्धे के बारे में सोचने लगे थे। फिर ईंट का भट्ठा खोल दिया।

उन दिनों लोगों में पक्का घर बनवाने की नयी-नयी ललक पैदा हुई थी। मँड़ई, खपरैल का घर तोड़-तोड़ कर पक्का घर बनवाने लगे थे। इसलिए बैजनाथ मिश्र का भट्ठे का कारोबार अच्छा चल पड़ा। अच्छी कमाई होने लगी। उन्होंने दूसरे गाँवों में भी कुछ भट्ठे खोल दिये। अभी तक कोयला या ईंट वगैरह ढोने के लिए किराए के ट्रकों की मदद लेते थे। अब अपने ट्रक और ट्रैक्टर खरीद लिए।

पैसा आने लगा तो शानो-शौकत भी बढ़ी। लोगों से सम्पर्क बढ़ा। बड़े लोगों के बीच उठना-बैठना हो गया।...

छोटकन बाबू यानी कविराज मिश्र उम्र में मुझसे दो साल छोटे हैं। इसलिए मुझे भैया कहते हैं। गाँव में साथ-साथ खेले, साथ-साथ पढ़ाई की। मुझसे दो दर्जा नीचे थे वे। मगर अक्सर सुबह-शाम मेरे घर आ जाते। मेरे साथ ही बैठ कर पढ़ते। मेरे पिताजी प्राइमरी स्कूल के अध्यापक थे इसलिए छोटकन की माँ उन्हें मेरे घर भेज देतीं कि वहां जाकर पढ़ो। कोई भी चीज समझ में न आये तो पूछ लेना। पिताजी जैसे मेरी पढ़ाई पर ध्यान देते उसी तरह उनका भी ख़याल रखते। छोटकन का दिमाग तेज था इसलिए पिताजी को उनसे भी उसी तरह उम्मीदें थीं जैसी मुझसे।... दोनों परिवारों में काफी मेल था। अब भी है।...

छोटकन के इस तरह दरेरा देकर पहुँचने की सूचना पर मैंने सोचा।... गाँव के लोगों में निकटता न भी हो तो शहर में रह रहे अपने किसी पट्टीदार या परिचित के यहाँ पहुँचने से पहले सूचना देना जरूरी नहीं समझते। रात-बिरात कभी भी पहुँचकर दरवाजा खटखटा दिया और पूरे अधिकार के साथ जम गये। अगर ठीक से सेवा-खातिर न करो तो टोक भी देंगे। जो खाना-पीना हो बोलकर बनावाएँगे, मेजबान की मर्जी पर निर्भर नहीं रहेंगे।... ऐसे में छोटकन बाबू का पूरे अधिकार के साथ मेरे घर पहुँचना कोई नयी बात नहीं थी।

...गाँव के स्कूल से दसवीं पास करके मैं आगे की पढ़ाई के लिए पटना चला गया तो पीछे-पीछे दो साल बाद कविराज भी वहीं पहुँच गये। तब तक मैं बारहवीं कर चुका था। उस साल आईआईटी का टेस्ट पास नहीं कर पाया था, इसलिए बीएस-सी में दाखिला ले लिया था। घर वालों की इच्छा तो थी कि हम दोनों साथ ही कमरा लेकर रहें। लेकिन चूँकि मैं हॉस्टल में रहने लगा था, कविराज मेरे साथ नहीं रह सके। अलग से किराए पर कमरा लेकर रहने लगे। यों मैं चाहता भी नहीं था कि वे मेरे साथ रहें। क्योंकि उससे मेरी पढ़ाई में बाधा पड़ती।

खैर, वे मेरे साथ नहीं रहे, पर प्रायः रोज ही किसी न किसी वक्त हॉस्टल आकर मुझसे मिल जाते। मगर यह सिलसिला सिर्फ साल भर चल पाया। अगले साल मैंने आईआईटी का टेस्ट पास कर लिया। आईआईटी कानपुर में दाखिला मिल गया था। पटना छूट गया। इस तरह छोटकन बाबू का साथ भी।

मैं अपनी पढ़ाई में व्यस्त हो गया और वे अपनी। गरमी की छुट्टियों में गाँव जाते तभी हम दोनों की मुलाकात हो पाती। लेकिन यह मुलाकात भी कई बार नहीं हो पाती। कई बार मैं गरमी की छुट्टियों में गाँव नहीं जा पाता। कई बार वे नहीं जा पाते। या कई बार उनके और मेरे गाँव जाने और लौटने का समय अलग-अलग होता, इसलिए मुलाकात नहीं हो पाती।... घर वालों की मार्फत ही बातचीत से एक दूसरे के बारे में पता चल पाता।

पता चला कि बीए में दाखिले के साथ ही पटना में छोटकन बाबू का सम्पर्क बड़ा होता गया था। बातचीत में कुशल तो थे ही, मधुर भी। पिता के पास पैसे की कमी

नहीं थी, इसलिए उन्होंने दो कमरों वाला एक घर किराए पर ले लिया। खाना बनाने के लिए नौकर रख लिया गया। साइकिल की जगह मोटरसाइकिल खरीद ली गयी। वे दिन भर मोटरसाइकिल लेकर शहर में घूमते रहते। सारे अध्यापकों से सम्पर्क बना लिया था। कॉलेज और विश्वविद्यालय के छात्र-नेताओं से भी करीबी हासिल कर ली थी। घर पर सुबह-शाम उनसे मिलने आने वाले छात्रों की भीड़ बनी रहने लगी।... शहर में किसी के बारे में कोई नयी जानकारी हासिल करनी हो, कविराज से सम्पर्क करते ही मिल जाती। अपने भड़भड़ी स्वभाव के चलते बहुत सारी सूचनाएँ वे खुद दे देते या कुछ सामने वाले पर प्रभाव जमाने की मंशा से उछाल देते। कई सूचनाएँ इस तरह फुसफुसाकर देते जैसे वे सिर्फ उन्हें पता हों और वह गहरा राज वे सुनने वाले के सामने पहली बार खोल रहे हों।...

इस बीच उन्होंने कविताएँ लिखनी शुरू कर दी थी। तभी उन्होंने अपना नाम बदला था। सुमन्त मिश्र में से मिश्र हटाकर कविराज जोड़ दिया था। सुमन्त कविराज। मगर बोलचाल में अक्सर लोग उन्हें सिर्फ कविराज कहकर पुकारने लगे थे। वे शहर के लेखकों-कवियों के पास उठने-बैठने लगे थे। पटना से निकलने वाले अखबारों और पत्रिकाओं के दफ्तरों में भी उनकी पैठ बढ़ी। उनमें उनकी रचनाएँ प्रकाशित भी होने लगीं।

उन्हीं दिनों उन पर आदर्शवाद का हमला हुआ था। हर चीज में नैतिक मूल्य देखते। शोषण वगैरह पर लम्बा-चौड़ा भाषण झाड़ देते। सामाजिक विसंगतियां उन्हें खासी तकलीफ देने लगी थीं।... कई लोगों ने आशंका जतायी कि उनका झुकाव वामपन्थ की तरफ हो गया है। फुसफुसाहट के रूप में उनके इन लक्षणों की चर्चा गाँव तक पहुँची। उनके पिता जी को इस आशंका ने घेर लिया कि कहीं सुमन्तवा नक्सली न हो जाए। बस उन्होंने जवान लड़के को रास्ते पर लाने के परम्परागत उपाय पर गम्भीरता से विचार किया।

बीए पूरा होते ही धूमधाम से उनकी शादी कर दी गयी। पिता चाहते थे कि छोटकन बाबू गाँव लौटकर उनका कारोबार सँभालें। मगर उन्होंने वह प्रस्ताव स्वीकार नहीं किया। बाबूजी बता रहे थे कि "सुमन्तवा बड़ा आदर्शवादी हो गया है। बैजनाथ ने जब उससे यहाँ आकर कारोबार संभालने को कहा तो उसने उन्हें झाड़ दिया। कहने लगा, आप लोग यहाँ गरीबों का शोषण करते हैं, नाजायज पैसा कमाते हैं और चाहते हैं कि मैं भी उसी में शामिल हो जाऊँ।... मेरे अपने कुछ ऊसूल हैं, सपने हैं। मैं अपने ढंग से जीना चाहता हूँ, जीने दीजिए। जो आप करते हैं कीजिए, जो मैं करना चाहता हूं मुझे करने दीजिए। मैं कोई बैल नहीं हूँ कि ज़हाँ नाध दीजिए टोटकारी सुन के चलने लगूँगा।..."

बैजनाथ मिश्र बूढ़े हो गये थे। भट्ठे का कारोबार चल निकलने के बाद उनकी

शराब पीने की आदत बढ़ती गयी थी। यह आदत तो वे फौज की नौकरी से ही पाल लाये थे, मगर अभी तक वह शाम के कोटे तक सीमित थी। अब वे सवेरे से ही पीना शुरू कर देते। इसलिए तबीयत खराब रहने लगी थी। लोग उन्हें समझाते-बुझाते, मगर कोई असर नहीं हुआ। उल्टा, जो समझाता वे उसी को गाली देने लगते। इस तरह इलाके में उनका सम्मान कम होता गया। जबसे छोटकन ने उनका प्रस्ताव ठुराया था, वे और निराश होते गये थे। पीने की दर बढ़ गयी थी।

उनकी इस स्थिति का लाभ मुनीमों और दूसरे कर्मचारियों ने उठाना शुरू कर दिया। जो उनके बहुत करीबी कर्मचारी थे उन्होंने धन्धे में हेराफेरी शुरू कर दी। इस तरह साल भर में ही कारोबार उतार पर नजर आने लगा। ट्रक और ट्रैक्टर खराब हुए तो खड़े हो गये।

एक दिन बैजनाथ मिश्र चल बसे। छोटकन बाबू को समाचार मिला तो वे गाँव पहुँचे। पिता की अन्तिम क्रिया की। तेरहवीं तक गाँव रहे। तब तक अन्दाजा लगा लिया कि पिता के कारबार में अब कोई दम नहीं रहा।

माँ, पत्नी और रिश्तेदारों ने बहुत समझाया, जिम्मेदारियों का अहसास दिलाने की कोशिश की, पर वे रुके नहीं। पटना लौट आये।

माँ और पत्नी ने भी उनसे उम्मीद छोड़ दी। छोटकन बाबू का छोटा साला जो बेरोजगारी के आलम में अक्सर अपनी बहन के घर ही पड़ा रहता, उसके सहारे उन्होंने बैजनाथ मिश्र के घुटनों के बल बैठ चुके कारोबार को चलाने की कोशिश की। छोटकन बाबू ने न तो इसका प्रतिरोध किया न समर्थन। पिता के कारोबार में न उन्हें पहले दिलचस्पी थी, न बाद में रही।

शायद जिम्मेदारियों का अहसास तो उन्हें हो चुका था, पर पिता के कारोबार से उन्हें तरक्की की उम्मीद न रही होगी। या हो सकता है जो सपने उन्होंने देखे थे, वे गाँव में रहकर पूरे होते न जान पड़े हों। पटना में कमाया सम्पर्क काम आया। एक एनजीओ में काम शुरू कर दिया। जैसे-तैसे एम.ए. भी कर लिया।

अब उन पर सादगी का नशा चढ़ा था। महँगे, डिजाइनर कपड़े त्यागकर जीन्स पैंट के ऊपर कुर्ता पहनने लगे थे। जो छोटकन बाबू पहले जितनी बार नहाते उतनी बार कपड़े बदला करते थे, अब उन्हें कई दिन तक एक ही पैंट और कुर्ता पहने रहने में कोई परेशानी महसूस नहीं होती। दूर-दराज के गाँवों में जाकर शिक्षा के प्रचार-प्रसार के लिए काम करने लगे। उनके लेख पत्र-पत्रिकाओं में छपने लगे। खाली समय में कुछ अनुवाद वगैरह का काम भी करते।

एनजीओ से जो पैसा मिलता उसमें से बचाकर माँ और पत्नी के लिए गाँव भेज देते। इस तरह उन्होंने एक जिम्मेदार और आदर्शवादी नागरिक के रूप में अपनी पहचान बना ली।

जब भी मैं गाँव जाता, लोग उनकी तारीफ करते। कहते, देखो छोटकनवा को, जब तक बाप जिन्दा थे लगता था कि बिगड़ गया है। मगर जिम्मेदारी सिर पर आयी तो ऐसा सुधरा कि कहो मत। खूब नाम कमा रहा है। कोई नाजायज पैसा नहीं। पढ़ाई-लिखाई करता है, देश-दुनिया की समस्याओं पर लेख लिखता, भाषण देता है।...

वही छोटकन पटने की नौकरी छोड़कर दिल्ली आ रहे थे।

वे आये।

आते ही उन्होंने पालागन किया और बरामदे में बैग पटककर घर के अन्दर चले गये।

मैंने उनके बैग का आकार-प्रकार देखा। पूरी तैयारी के साथ आये थे। पटना से सारे कपड़े वगैरह समेटकर चले होंगे।

घर के अन्दर पहुँचते ही उन्होंने पत्नी से कहा, ''परनाम भउजी। मैं पहुँच गया हूं आपकी सरन में।... क्या बना रही हैं? खाया नहीं है रात को कुछ। बहुत भूख लगी है। फटाफट कुछ खिला दीजिए।''

उनकी आवाज बरामदे तक आ रही थी। मैंने अखबार पढ़ते-पढ़ते अन्दाजा लगाया था कि उन्होंने पत्नी से बात करते हुए किचेन के बर्तन वगैरह उलट-पलटकर देख लिया था कि क्या-क्या बना है।

फिर वे बरामदे में मेरे पास आये थे। बरामदे के फर्श पर ही मेरी बगल में बैठते हुए कहा था, ''आज ही आनन्द बाबू से मिलने का तय हुआ है।... बच्चा बाबू के दामाद हैं।'' उन्होंने शायद मेरे चेहरे पर अज्ञानता की रेखाएँ पढ़ ली होंगी, पर बच्चा बाबू के बारे में कुछ बताने के बजाय बात आगे बढ़ायी, 'बच्चा बाबू ने परसों ही फोन पर उनसे बात कर ली थी। आज दो बजे तक डेरे पर रहेंगे। फिर उन्हें किसी कार्यक्रम के लिए निकलना है। ...इसलिए फटाफट कुछ खा-पीके उनके यहाँ निकलूँगा।... अफसर लोग हैं भाई, टाइम बहुत टाइट रहता है उन लोगों का।''

मैं उनकी बातें सुनता रहा। उन्हें फिर आभास हुआ होगा कि जिस आनन्द बाबू से मिलने को लेकर वे उत्साहित हैं, उनके बारे में मुझे कोई जानकारी नहीं, इसलिए उन्होंने खुद ही आनन्द बाबू के बारे में जानकारी दी, ''अरे शिक्षा सचिव हैं भाई।... टाइम कहाँ है उनके पास। वो तो कहिए बच्चा बाबू ने खुद फोन किया इसलिए अपना डायरी-वायरी चेक करके समय तय किया है।... कभी मिनिस्टर के साथ मिटिंग है, कभी किसी देश के डेलीगेट मिलने आ रहे हैं, कभी किसी देश के।... हम जैसे लोग को टाइम दिया, यही बड़ी बात है।'''

वे शायद आनन्द बाबू का और गुणगान करते। मगर इस बीच पत्नी ने आकर सूचना दी, बल्कि कहें कि मुझे झिड़की दी कि ''अभी तक ब्रश भी नहीं किये हैं। संडे को चाय पर चाय पीते रहते हैं।... जाइए फटाफट ब्रश करके आइए। नाश्ता तैयार

है। देवरजी को कहीं जाना भी है।... आप भी नहा-धो लीजिए देवर जी।''

छोटकन बाबू ने घोषणा की, ''ब्रश-व्रश ट्रेने में कर लिए थे। नहाना खाने के बाद करेंगे। बस खिला दीजिए आप। बहुत भूख लगी है।''

मैं उठा और बाथरूम में घुस गया।

बच्चे छुट्टी वाले दिन सवेरे उठते ही गायब हो जाते हैं। वे कहीं खेलने निकल गये थे। डाइनिंग टेबल पर नाश्ता लगता तब तक दोनों बच्चे हल्ला मचाते हाजिर हो गये थे। मैं बाथरूम से ही उनके आने की आहट सुन चुका था। छोटकन बाबू उनके लिए अपरिचित नहीं थे। उन्होंने उन्हें नमस्ते किया। छोटकन बाबू ने अपना बैग खोलकर दो चॉकलेट निकाले और दोनों को हाथ में पकड़ाने से पहले दुलार दिखाया, ''पहले चाचा को पप्पी दो फिर गिफ्ट मिलेगा।''

पत्नी उनका यह दुलार देखकर निहाल हो रही थीं। बच्चों ने उन्हें दोनों गाल पर पप्पी दी और चॉकलेट लेकर फ्रिज की तरफ भागे। चॉकलेट फ्रिज के हवाले किया और बाथरूम में भाग गये।

तब तक टेबल पर नाश्ता लग चुका था। हमने अपनी प्लेटों में चटनी, रायता, सब्जी वगैरह डालना शुरू कर दिया था। आज आलू के पराँठे बने थे। बच्चे भी आकर टेबल पर अपनी जगह हथिया चुके थे। पत्नी गरम-गरम पराँठे बनाकर ला रही थीं। वे खाते और तारीफ करते रहे। तारीफ सुनकर पत्नी ने नाश्ता पूरा हो जाने की उनकी घोषणा के बावजूद उन्हें जिद करके एक पराँठा और खिला दिया।

हमने नाश्ता किया। छोटकन बाबू नाश्ता करके बाथरूम में घुसे। नहा-धोकर कपड़े बदले और निकल गये आनन्द बाबू से मिलने। शाम को करीब सात बजे उनका फोन आया, ''अरे एक-दू जगह और चले गये थे। देर हो गया। एक-डेढ़ घंटा में यहाँ से निकल रहा हूँ। आप लोग खाना-वाना खा लीजिएगा। हम सन्तोषजी के यहाँ हैं। जिद कर रहे हैं। खाके आऊँगा।''

मैंने पत्नी को बताया था तो वे थोड़ी दुखी हुईं। बड़े मन से दाल, सब्जी वगैरह बनाया था कि छोटकन बाबू भूखे-प्यासे आएँगे। मगर छोटकन बाबू से अपनी पाक कला की तारीफ सुनने का एक मौका उनके हाथ से जाता रहा था।

छोटकन बाबू रात के नौ बजे लौटे थे। वे बताते रहे कि कहाँ-कहाँ घूमते रहे। आनन्द बाबू से उनकी मुलाकात बहुत अच्छी रही। वे खुश और उत्साहित थे।

पत्नी चाय बना कर लायी थीं। वे चाय पीते रहे, आनन्द बाबू से हुई बातें बताते रहे। मुझे उनकी बातों में कोई रुचि नहीं थी। बचपन से ही तो मैं उनके स्वभाव को जानता हूँ। जब भी छुट्टियों में गाँव जाता, वे स्थानीय नेताओं और अधिकारियों के किस्से कुछ इस तरह सुनाते जैसे उनका हर पल का उनके साथ उठना-बैठना हो। इस

तरह मैं उनकी ज्यादातर बातों को गढ़ी हुई और प्रभाव जमाने के मकसद से कही गयी मानकर बस सुन लेता हूँ। प्रतिक्रया नहीं देता।

चाय पीते हुए पत्नी ने उनसे कहा, "क्या देवरजी, आप तो इतने सारे लोगों से मिलते-जुलते हैं, दुनिया भर का काम कराते हैं। आपके भइया का परमोसन एक साल से रुका है। निकलवाइए न।"

मुझे उनका यह प्रसंग छेड़ना अटपटा लगा था। मैंने टोका था, "अभी बेचारे अपनी नौकरी के लिए आये हैं। पहले अपने लिए तो कोई ठिकाना ढूँढ़ लेने दो।... अपनी तकलीफ लेके बैठ गयी।"

"अरे नौकरी-सौकरी तो मिलती रहेगी।... इन्होंने कभी चर्चा भी नहीं किया। ई कौन सा बड़ा काम है।" अब वे पत्नी से मुखातिब थे, "इनकी सुरुए से यही आदत है। पढ़-लिख जरूर ज्यादा गये हैं, मगर व्यावहारिकता बिल्कुले नहीं आती। ...अरे खाली काबीलियत से कुछ नहीं मिलता। बस नौकरी करते रह जाएँगे। तनी चरफर बनिए महराज। पटना में हमरा एक ठो दोस्त कहता है, दफ्तर को लांचिंग पैड समझिए। जैसे सेटेलाइट को छोड़ने के लिए पैड बनता है, वैसा ही। दफ्तर का इस्तेमाल करिए सम्पर्क बढ़ाने, अपना रुतबा जमाने के लिए। वहाँ का फोन इस्तेमाल करिए आ सब बड़का लोग से अपना पद का हवाला देते हुए सम्पर्क साधिए। नौकरी करेंगे तो नौकरे बने रहेंगे। नौकरी को बाएँ हाथ से करिए, दाहिना हाथ को अपने असल मकसद में लगाइए। नौकरी का का है, ऊ तो दुनिया भर का लोग करता है।... बिहार का एतना अधिकारी सब बइठा है दिल्ली में आ आप बउंड़िया रहे हैं इधर उधर। ऊ सब से सम्पर्क किए होते तो आज इस हाल में थोड़े होते। कहीं सेक्रेटरी बन के बइठे होते। हमसे भी नहीं बताए तकलीफ।... एक बार हमारे कान में डाल तो देते ई बात।..."

मुझे लगा कोई मेरे ही घर में, मेरी पत्नी के सामने मेरी इज्जत उतार रहा है। खुद का तो ठिकाना नहीं, और मुझे प्रोमोशन दिलवाने का दम भर रहा है।

पत्नी उनकी इस मीठी शिकायत पर निहाल हो रही थीं, "ईहे तो कमजोरी है इनकी। किसी को कुछ नहीं बताएँगे, भीतरे-भीतर कसमस करते रहेंगे।... अब आप आ गये हैं देवरजी, जइसे भी हो इनका काम कराइए। कुछ लेना-देना पड़े तो ऊ बात भी कर लीजिए, नहीं तो ई अइसहीं घुटते रहेंगे। इनका पाछे-पाछे का इंजीनियर सब परमोसन पा गये। ई वहीं अटके हुए हैं।..."

"अरे चिन्ता मत कीजिए भउजी। कल्हे से काम में लग जाता हूँ। होगा कई से नहीं काम।" छोटकन बाबू ने दावा किया।

000

छोटकन बाबू रोज सुबह कहीं के लिए निकल जाते। कभी नाश्ता करते, कभी नहीं करते। शाम को देर से लौटते। अक्सर बाहर से खाकर लौटते। जिस दिन हमारे यहाँ खाना होता, फोन करके पहले ही बता देते। पत्नी शिकायत करतीं कि ''क्या देवरजी, जबसे आये हैं, बस रात को सोने के लिए यहाँ आते हैं। नाश्ता-खाना तो हमारे साथ किया कीजिए।'' वे हँसते हुए उनकी बात को हवा में उड़ा देते, 'खाना-पीना तो चलता रहता है, भउजी।... का बताएं, दिल्ली में एतना लोग जान-पहचान का है कि जहां जाइए, छोड़बे नहीं करता है। सबको खातिर-सत्कार का मौका मिलना चाहिए न।... यहाँ क्या है, आधी रात को मन होगा आपको जगाके बनवा लेंगे खाना।''

छोटकन बाबू जिस दिन जल्दी लौटते उस दिन बच्चों के लिए जरूर कुछ न कुछ लाते। उनके साथ खूब खेलते। गाँव की बातें बताते। अपने बच्चों की बातें और शरारतों के किस्से सुनाते। छुट्टी वाले दिन जब उन्हें देर से बाहर निकलना होता तो सबह-सुबह उठकर बच्चों के साथ क्रिकेट खेलते। पढ़ाई-लिखाई की बात बिल्कुल नहीं करते। इस तरह बच्चों को उनके साथ ज्यादा मजा आने लगा था। शाम को वे उनके आने का इन्तजार करते।

पत्नी शिकायत करतीं कि देवरजी, आप तो बच्चों को बिगाड़ रहे हैं, तो वे मजाक में यह कहते हुए उनकी बात को हवा में उड़ा देते कि ''कुछ बनने से पहले इनका बिगड़ना बहुत जरूरी है। सारे बने हुए हों, जरूरी तो नहीं। एक भइया हैं तो बने हुए, आप उन्हीं से काम चलाइए। इनको बिगड़ने दीजिए।''

फिर एक दिन उन्होंने घोषणा की कि ''भइया के प्रमोसन का बात पक्का हो गया है। दू-एक दिन में कागज मिल जाएगा।... हो तो पहिलहीं गया था, लेकिन हम बता नहीं रहे थे कि पता नहीं बीच में कोई अड़ंगा न लग जाए।... आज जाके कन्फर्म हुआ है। परसों तक कागज मिल जाएगा।...'' उन्होंने मुझे एक्जीक्यूटिव इंजीनियर बनने के लिए अग्रिम बधाई भी दे डाली।

पत्नी बहुत खुश हुईं। फ्रिज में जो भी मिठाई रखी थी, ले आयीं। पहले बरफी का एक टुकड़ा छोटकन बाबू के मुँह में डाला फिर एक टुकड़ा मेरे मुँह में। और घोषणा कर दी कि ''देवरजी, इस संडे शाम का कोई परोग्राम मत रखिएगा। इस खुशी में बाहर चलेंगे खाना खाने। मेरी तरफ से पार्टी।''

सचमुच दो दिन बाद मुझे प्रोमोशन लेटर मिल गया था।

पत्नी के वादे के मुताबिक संडे को हम लोग खाना खाने बाहर गये थे। टैक्सी बुलवा ली थी। महरौली में एक रेस्तरां है, जहाँ बगीचे में, पेड़-पौधों, लता-फूलों के बीच लगी कुर्सियों पर बैठकर खाने का मजा ही अलग है। हालाँकि महँगा है, लेकिन पत्नी को मेरे प्रोमोशन की खुशी में उसकी कोई परवाह नहीं थी।

जब टैक्सी से हम लोग अरुणा आसिफ अली रोड से होते हुए किशनगढ़ के पास पहुँचे तो छोटकन बाबू ने बताया, "यहीं एक ठो डेरा देखे हैं भउजी, अपने लिए। आजे बात पक्का हुआ है। एक कमरा है। किचेन आ बाथरूम सेपरेट है। ऊपर का मकान है। पूरा खुला छत अपना है। जाड़ा में धूप में बइठो, गरमी में बाहरे चारपाई डालके सो जाओ। अलग से सीढ़ी गयी है। रात में जब मर्जी आओ-जाओ, कोई रोक-टोक नहीं। ढाई हजार में तय हुआ है। खाना खाके लौटेंगे तो दिखाऊँगा।'

मैंने राहत की सांस ली। मगर पत्नी और बच्चों के चेहरों पर मायूसी नजर आयीं। वे नहीं चाहते थे कि छोटकन बाबू कहीं और रहें। पत्नी ने तुनकते हुए कहा, "हमारे रहते आपको कहीं और रहने की का जरूरत है। एतना बड़ा सरकारी मकान है। कौनो परेसानी है का आपको वहाँ रहने में, जो ईहाँ डेरा ले लिया।"

"अरे ऊ बात नहीं है भऊजी। काम बहुत ओढ़ लिया है सिर पर। वहाँ रहूँगा तो कर नहीं पाऊँगा। रात-बिरात आना-जाना लगा रहेगा। आप लोग सरकारी नौकरी वाले आदमी हैं। समय से खाना, समय से सोना, समय से सब काम। अपना तो कोई टाइमे फिक्स नहीं है।"

"हमने कभी शिकायत की है, आपके आने-जाने को लेके।" पत्नी के स्वर में दुख और फटकार दोनों थी।

"अरे ऊ बात नहीं है भउजी। देखिए, आनन्द बाबू ने बात करके सीबीएसई, एनसीईआरटी और अपने यहाँ से ढेर सारा अनुवाद का काम दिला दिया है। उनके बैचमेट हैं आजाद साहेब, कृषि मन्त्रालय में सेक्रेटरी हैं। साहित्य में रुचि है। एक पत्रिका निकालना चाहते हैं। आनन्द बाबू ने उनसे बात करवा दी। पैसा ऊ लगाएँगे, मगर पत्रिका का सारा काम-धाम मुझे ही देखना होगा। जंजाल बहुत रहेगा हमारे आसपास। लोग भी आते-जाते रहेंगे। बउआ सब की पढ़ाई-लिखाई डिस्टर्ब होगी।... फेर, कौनो दूर थोड़े न हैं हम आपसे। दू कदम पर तो हैं। बोल दीये हैं, अगिला हफ्ता तक पटना से हमारी मोटरसाइकिलो आ जाएगी। ...फिर आप कहिएगा तो रोज रात के आप ही की यहाँ खाना खाने आ जाया करेंगे।"

रेस्तराँ आ गया था। टैक्सी से उतरते ही बच्चे झूलों की तरफ भागे थे। हम लोगों ने कोने की एक टेबल पर कब्जा कर लिया था। बैरा आया तो पत्नी ने अपने मन से सबके लिए खाने का आर्डर दिया। पहले सूप, फिर चिकन, कबाब, बच्चों के लिए चाउमीन और पता नहीं क्या-क्या।

खाते हुए छोटकन बाबू हमें अपनी व्यस्तताओं और काम के बोझ के बारे में बताते रहे। पन्द्रह दिन में ही उन्होंने अपने तमाम सम्पर्क सूत्र एक्टिवेट कर लिए थे। फिर उन सम्पर्कों के जरिये नये सम्पर्क बना लिए थे। मैं जानता था कि उनमें मैत्री का अद्भुत कौशल है, इसलिए उन्हें इस तरह विस्तार पाते सुनकर हैरानी नहीं हुई।

दिल्ली उनके लिए नयी नहीं थी। इससे पहले भी किसी सेमिनार, वर्कशॉप या दूसरे किसी काम से तीन-चार बार यहाँ आ चुके थे। यहाँ की कुछ बसों के रूट और कुछ मुहल्लों की भौगोलिक स्थिति से वाकिफ थे। यहाँ के बात-व्यवहार का उन्हें अन्दाजा था। इसलिए उन्हें घूमने-फिरने में ज्यादा परेशानी नहीं आई। यों भी छोटकन बाबू की कैफियत वाले आदमी के लिए कोई भी शहर या आदमी अपरिचित नहीं होता।

भोजन करके लौटते वक्त उन्होंने गाड़ी को किशनगढ़ की एक गली में मुड़वाया। कुछ भीतर जाकर बाहरी दीवारों पर कोटा पत्थर लगे, बड़े-से लोहे के गेट वाले एक मकान के बाहर गाड़ी रुकवायी। गाड़ी में बैठे-बैठे ही उन्होंने दिखाया कि तीसरी मंजिल पर जो अकेला कमरा दिख रहा है, वही मकान उन्होंने अपने लिए तय किया है।

अगले दिन सामान-वामान खरीदकर उस मकान में रख आये थे। उसके अगले दिन नाश्ता करने के बाद उन्होंने बैग में अपने कपड़े भरते हुए पत्नी से कहा, "भउजी, आज मंगलवार है, सोचा है गृहप्रवेश कर ही लूँ। हनुमान जी का दिन है। अगरबत्ती-वत्ती जला के रहना शुरू कर दूँ। जरा व्यवस्थित हो जाऊँ तो अगले संडे को आप लोग वहाँ आइए। वहीं मछली बनेगी।"

पत्नी उनके इस तरह जाने से खुश नहीं थीं, पर कहा, "जैसी आपकी मर्जी।"

उन्होंने पत्नी के स्वर में दुख पहचान लिया था, इसलिए कहा, "रात का खाना आपे की यहाँ खाऊँगा। फिर सोने के लिए वहाँ चला जाऊँगा। सोचा है, आज से कुछ काम भी शुरू किया जाय। बहुत दिन हो गये घूमते हुए।"

वे सुबह मेरे साथ ही निकल गये थे। मैं ऑफिस चला गया और वे अपने नये घर। शाम को खाना खाने आये थे। फिर दो दिन तक उनका कोई पता नहीं।

शुक्रवार की शाम को हाजिर हुए थे। मैं दफ्तर से लौटा तब तक चाय-नाश्ता ले चुके थे। पत्नी खाना बना रही थीं, वे बच्चों के साथ खेल रहे थे। मेरे लिए चाय आयी तो एक बार फ़िर उन्होंने साथ देने के लिए अपने लिए भी आधा कप मँगा ली। चाय पीते हुए बताने लगे, "अरे ऊ आनन्द बाबू की आफिस का एक ठो बुकलेट था पचास-साठ पेज का। ट्रांसलेट करके देना था। दू दिन लग गया करने में। आज देके आया हूं। एक ठो सीबीएसई का किताब है, एक ठो एनसीईआरटी से भी मिला है। लेकिन ऊ सबको आराम से करना है। दस-पन्द्रह दिन बाद देना है।..."

"कोई नौकरी देखिए। इस तरह बहुत दिन गुजारा नहीं होगा।" मैंने उन्हें बीच में टोका था।

"नौकरी-सौकरी नहीं करेंगे। तय कर लिया है।..." उन्होंने फैसला सुनाया।

"नौकरी में बँधा-बँधाया पैसा मिलेगा। महीने का खर्चा तो चलता रहेगा। इस तरह फ्री-लांसिंग से कितने दिन गुजारा होगा।... घर-परिवार भी है।'

"बँधा-बँधाया पैसा मिलता है तो नौकरी में जिन्दगी भी बँधी-बँधाई हो जाती है। सवेरे सो के उठो तो दफ्तर भागो, शाम को निचुड़ के निकलो तो लस्त-पस्त डेरे पर पहुँचो।... करके देख लिया चार-पाँच साल नौकरी। अब नहीं करनी।... एक ठो एनजीओ आ एक ठो ट्रस्ट अपने नाम रजिस्टर कराया था तीन साल पहले। अब उन्हीं के लिए फंड-वंड जुटा के अपना काम शुरू करेंगे।" वे अपने फैसले पर दृढ़ थे।

मैंने आगे तर्क करना जरूरी नहीं समझा।

वे उस दिन हमें संडे को अपने डेरे पर मछली खाने का न्योता देने आए थे।

हम लोग गये थे। पता नहीं कहाँ से वे ढूँढ़-ढाँढ़ के जिन्दा मछलियाँ ले आये थे। अपने हाथों से उन्हें काटपीट, मसाला तैयार कर खूब मनोयोग से बनाया था। चावल घर में बनाया था, रोटियाँ बाहर से मँगा ली थीं। उन्हें भोजन बनाते देखकर पहली बार मैंने नोट किया था कि छोटकन बाबू जिस काम में लग जाते हैं, पूरे मन से करते हैं। हालाँकि उन्हें भोजन बनाने में पत्नी ने भी मदद की, मगर वे जिस तल्लीनता और नफासत से एक-एक काम कर रहे थे उससे उनके अनुशासन का पता चलता था।

मैं बच्चों के साथ कुछ-कुछ बतियाता रहा। कभी बच्चे बाहर खुली छत पर खेलने चले जाते तो मैं कमरे के कोने में रखी कुछ किताबों, पत्रिकाओं, बुकलेट वगैरह में से कोई उठा कर देखने-पढ़ने लगता।

000

उस दिन के बाद हमारी मुलाकातों का अन्तराल क्रमशः बढ़ता गया। वे जब कभी आते तो बता जाते कि इस बीच उन्होंने क्या-क्या नया किया। नया करने को उन्हीं के पास था। हमारी जिन्दगी तो जैसे चलती आ रही थी वैसे ही चलती जा रही थी। रोज सुबह उठकर मेरा दफ्तर जाना, बच्चों का स्कूल जाना, पत्नी का खाली समय में पड़ोस की महिलाओं के साथ गप्पें लड़ाना। इन गतिविधियों में अगर कोई नयी बात हो भी सकती थी तो उसका छोटकन बाबू से कोई ताल्लुक नहीं हो सकता था या उसमें उनकी रुचि नहीं हो सकती थी। हाँ, कभी-कभी पत्नी बच्चों के रिजल्ट या पढ़ाई-लिखाई के बारे में चर्चा जरूर कर लेती थीं। लेकिन छोटकन बाबू के पास हर मुलाकात में बताने के लिए ढेर सारी नयी बातें होतीं।

उन्होंने आजाद साहेब की पत्रिका शुरू कर दी थी। 'नया आयाम'। उसके लोकार्पण के मौके पर मैं भी गया था। किसी बड़े साहित्यकार और शिक्षा राज्यमन्त्री ने फीता खोला था। वहीं उन्होंने आनन्द बाबू और आजाद साहेब से मुझे मिलवाया था।

महीने भर बाद पता चला कि आजाद साहब की पत्रिका के साथ-साथ उन्होंने अपनी भी एक राजनीतिक पत्रिका रजिस्टर करा ली है। 'सत्ता विमर्श'। दोनों पत्रिकाओं को मासिक रखा। जिस तरह हर गोष्ठी, हर कार्यक्रम में वे उपस्थित रहते, लोगों से सम्पर्क बनाने में माहिर थे, पत्रिकाओं के लिए सामग्री जुटाने में उन्हें मुश्किल

नहीं आती थी। कुछ चीजें वे छद्म नाम से खुद ही लिख लेते। सर्कुलेशन की चिन्ता कभी नहीं की। लेकिन सभी प्रमुख शहरों और रेलवे स्टेशनों पर अपनी पत्रिकाएं पहुँचा देते। आजाद साहेब की पत्रिका को विज्ञापन मिलें न मिलें, उनकी पत्रिका में तमाम मन्त्रालयों, राज्य सरकारों और अनेक उद्योग-धन्धों के विज्ञापन भरे रहते। इस तरह उन्होंने अपनी पत्रिका को बेचने पर कम, आजाद साहेब की पत्रिका को अधिक से अधिक पाठकों तक पहुँचाने पर ज्यादा ध्यान केन्द्रित कर दिया था। हालाँकि कमाई उनकी पत्रिका ज्यादा देती थी।

इस बीच कई प्रकाशकों से उनका सम्पर्क बना। उनमें से कुछ ने कुछ योजनाओं पर उनसे विचार-विमर्श किया। कुछ सुझाव उन्होंने दिये, कुछ छोटकन बाबू ने दिये। इस तरह पत्रिकाओं के सम्पादन के साथ-साथ छोटकन बाबू ने स्त्री विमर्श और दलित विमर्श पर किताबों की दो श्रृंखला सम्पादित कर दी। लेख दूसरों के, भूमिका उनकी।... मंडी हाउस और उसके आसपास होने वाली हर साहित्यिक गोष्ठी में वे उपस्थित रहते।

इस तरह जल्दी ही पहचान बन गयी तो कई जगहों से उन्हें सेमिनारों में बोलने के न्योते भी आने लगे। समय निकालकर वे उनमें जाते और अपने उच्च विचार प्रकट कर आते। कहीं-कहीं छपी खबरों से अन्दाजा लगता कि वे सामाजिक विकास के लिए नैतिक उन्नति को महत्त्वपूर्ण मानते थे।

उनके एनजीओ को शिक्षा विभाग ने सर्वशिक्षा अभियान और मिड डे मिल के लिए अधिकृत कर दिया था। इसलिए उन्होंने कुछ कर्मचारियों की नियुक्ति कर समाज सेवा को भी चलाते रहे। तीन जगहों पर सर्वशिक्षा केन्द्र खोल दिये और इतनी ही जगहों पर मिड डे मील की व्यवस्था सम्भाल ली। जैसा कि एक बार मिलने पर उन्होंने बताया था, इस समाज सेवा में कुछ नहीं बचता, पर वे एनजीओ की पहचान कायम रखने के मकसद से उसे चलाये जा रहे थे।

अब वे काफी व्यस्त हो गये थे, इसलिए हमारी मुलाकातें कम हो गयी थीं। एक बार मिले तो बताया कि उन्होंने एक हाउसिंग सोसाइटी डेवलप करने की योजना बनायी है। वह योजना उन्होंने अपने मकान मालिक के साथ शुरू की थी। उनका मकान मालिक किशनगढ़ का ग्राम प्रधान था। किशनगढ़ में सड़क से लगती गाँव पंचायत की जमीन थी। जब छोटकन बाबू को उसके बारे में पता चला तो उन्होंने मकान मालिक से मिल कर उसे लाल डोरा की बताकर उसमें कॉलोनी काटने का विचार बना डाला। मकान मालिक पहले तो हिचकता रहा, लेकिन जब उसे भरोसा हो गया कि छोटकन बाबू कानूनी दाँव-पेंच संभाल लेंगे तो तैयार हो गया। उस जमीन पर पैंतीस प्लॉट काटकर उन्होंने बेच डाले।

फिर उनकी नजर रंगपुरी की पहाड़ियों और कुतुब मीनार के आसपास की डीडीए और भारतीय पुरातत्त्व विभाग के कब्जे वाली जमीनों पर पड़ी। उनमें भी प्लॉट काटे और

बेच दिये। मन्त्रालयों में पहुँच होने की वजह से पुलिस से उन्हें समर्थन मिलता रहा।

एक बार मिले तो बातचीत में संकेत दिया कि दिल्ली के बहुत सारे स्कूलों के प्रधानाचार्यों से उनके ताल्लुकात अच्छे हो गये हैं। वे शिक्षा मन्त्रालय में फँसे उनके काम कराते हैं और उसके बदले वे उनके कुछ कैंडीडेट्स को एडमीशन देते हैं।

बाद में किसी ने बताया था कि इस तरह छोटकन बाबू दोनों तरफ से कमाई करते हैं। पब्लिक स्कूलों के प्रिंसिपल्स और मैनेजमेंट से शिक्षा सचिव का हवाला देकर मोटा चढ़ावा खाते हैं और एडमीशन के लिए डोनेशन के नाम पर पैरेंट्स की जेब हल्की कराते हैं। फिर भी लोग समझते हैं कि छोटकन बाबू समाज सेवा कर रहे हैं। कई लोग अपने बच्चों के दाखिले या रिजल्ट वगैरह में कोई गड़बड़ी ठीक कराने के मकसद से उनसे सिफारिश लगवाने के लिए हमारे पास भी आये। हमने फोन किया तो छोटकन ने उनका काम करा दिया।

एक बार जब वे मेरे घर आये तो दबी जुबान से मैंने उनके इस गोरखधन्धे के बारे में जानने की कोशिश की थी तो वे दार्शनिक अन्दाज में आ गए थे। उन्होंने मुझे अर्थशास्त्र पढ़ाना शुरू कर दिया था, 'ट्रिकल डाउन थियरी के बारे में कुछ जानकारी है भइया आपको?'

मैं नहीं जानता था। बकलोल की तरह उनकी तरफ देखने लगा था।

तब उन्होंने बात आगे बढ़ायी थी, "दुनिया के सारे बड़े-बड़े अर्थशास्त्री मानते हैं कि पूँजीवाद के विकास से कमजोर वर्ग को फायदा मिलता है। जितने अधिक कल-कारखाने खुलेंगे, उतने ही अधिक लोगों को रोजगार मिलेगा। समाज में खुशहाली आएगी।... वे कहते हैं कि कम्पनियाँ जो पैसा कमाती हैं वह रिसकर नीचे के कर्मचारियों तक पहुँचता है। यही ट्रिकल डाउन है।... जैसे, आप जो पैसा कमाते हैं वह सारा आपके पास तो रहता नहीं है। उसमें से कुछ पैसा दूध वाला ले जाता है, कुछ कामवाली ले जाती है। इसी तरह उसमें से बच्चों की फीस, सब्जी, अखबार, बस के किराए आदि में खर्च हो जाते हैं। यानी आपकी कमाई रिसकर कई लोगों को मिलती है। इसी तरह बड़े उद्यमियों की कमाई रिसकर दूसरों को मिलती है। यह सिलसिला चलता रहता है।

अब जैसे मुझे ही देख लीजिए, मैंने शिक्षा विभाग से दो प्रोजेक्ट लिए। दोनों को मैं कर्मचारियों की मदद से करता हूँ। लेकिन जो पैसा सरकार से मिलता है वह सब उन कर्मचारियों में बँट जाता है। मुश्किल से मेरे हिस्से में मोटरसाइकिल के पेट्रोल भर का आ पाता है। लेकिन इस तरह विकास का काम तो चल रहा है।...

वे थोड़ी देर को रुके थे। फिर इस दर्शन को अलग कोण से मेरे सामने रखने लगे थे, "लेकिन जानते हैं भइया, अपने देश में ट्रिकल डाउन की रफ्तार बहुत धीमी है। जिनके पास पैसा है, उन्होंने इतनी मजबूत काली टंकियाँ बना रखी हैं कि उनमें से

कुछ टपकता ही नहीं। टपकता भी है तो बहुत धीरे-धीरे। कटोरा लेके खड़े रहो, पता नहीं साल भर में भरेगा कि दो साल में, कह नहीं सकते। इसलिए मैं तो इस नतीजे पर पहुँचा हूँ कि उन टंकियों में छेद करके अपनी टोंटी लगाने का कौशल विकसित करो। जब इच्छा हो, खोल के पूरी धार के साथ कटोरा भर लो।... लोगों ने लगा रखी हैं अपनी टोटियाँ। तमाम नौकरशाहों, नेताओं और बाबाओं ने पैसे वालों की टंकियों में अपनी-अपनी टोंटियाँ लगा रखी हैं।... ये भी एक तरह का ट्रिकल डाउन है।" वे जोर से हँसे थे।

मैं गरदन झुकाये उनके इस दर्शन को सुनता रहा। उन्हें लेकर तरह-तरह के खयाल उठने लगे थे। कभी मन कसैला हो जाता तो कभी खुद को प्रबोधने लगता कि ऐसा सोचने वाले छोटकन बाबू अकेले नहीं हैं।...

उनसे मिलना और कम होता गया।... आज याद करता हूँ तो लगता है कि उस दिन के बाद आज हम पहली बार मिलेंगे।... किसी-किसी से उनके बारे में कुछ-कुछ बातें सुनने को मिल जातीं। उनकी समाज सेवक की छवि बरकरार थी।

दो साल पहले जब गाँव गया था तो सुनने को मिला कि वहाँ छोटकन बाबू एक बड़ा-सा इंस्टीट्यूट बनवा रहे हैं। मैंने देखा, गाँव को छूती सड़क के किनारे उसी जमीन पर चौहद्दी बाँधी गयी थी, जहाँ उनके पिता बैजनाथ मिश्र पहले ईंट का भट्ठा चलाया करते थे। चार तल्ला इमारत का ढाँचा काफी हद तक खड़ा हो चुका था। देखने से ही अन्दाजा लग रहा था कि काफी बड़ा इंस्टीट्यूट बन रहा है। लोगों ने बताया कि उसमें इंजीनियरिंग और मैनेजमेंट की पढ़ाई होगी। हॉस्टल भी बन रहा था, ताकि बाहर से आने वाले विद्यार्थियों के लिए रहने की सुविधा हो।

छोटकन बाबू से मुलाकात नहीं हो पायी। उन दिनों वे दिल्ली में थे। उनका गाँव और दिल्ली आना-जाना लगा रहता। दो-चार दिन के लिए गाँव आते, काम करने वालों को कुछ-कुछ आदेश देते, उनके कामकाज में कुछ कमियाँ बताते, उन्हें सुधारने का निर्देश देते और दिल्ली लौट जाते।

पता चला कि दिल्ली में किशनगढ़ वाला एक कमरे का मकान अभी उन्होंने नहीं छोड़ा है। अब भी पैंट पर कुर्ता पहनते हैं।

इस बार उनका फोन आने के बाद से मैं उन्हीं के बारे में सोच रहा हूँ। समझ नहीं पा रहा कि वे मुम्बई से सीधा मेरे घर क्यों आ रहे हैं। उन्होंने फोन पर ऐसा क्यों कहा कि मैं अभी एअरपोर्ट पर हूँ, यहाँ से सीधे आपके यहाँ पहुँचूँगा।

...तिकड़मी आदमी है, क्या भरोसा, कब कौन-सा भेस धर ले। मैंने खुद को समझाया। इस बीच पत्नी एक बार चाय के लिए पूछ गयी। मैंने उन्हें छोटकन बाबू के आने की सूचना दी। वे बहुत उत्साहित नहीं दिखीं। उन्होंने मेरी सूचना को महज सूचना की तरह सुना और भीतर चली गयी।

मेरे साथ दफ्तर में ठीक नहीं चल रहा है। नये डायरेक्टर को पता नहीं मुझसे क्या चिढ़ है कि आते ही मेरा तबादला लैब में कर दिया। सार्वजनिक निर्माण विभाग नाम के जिस महकमे में मैं काम करता हूँ, वह भ्रष्टाचार के मामले में शुरू से बदनाम रहता आया है।... क्या पता, हर भ्रष्ट अधिकारी की तरह नये डायरेक्टर को भी जुबान बन्द रखने वाले इंजीनियर ज्यादा पसन्द हों। मेरे बारे में किसी ने कान भर दिया हो और उसे मैं भरोसेमन्द न जान पड़ा होऊँ। इसलिए भेज दिया लैब में। चेक करते रहो लोहा, बजरी, सीमेन्ट की क्वालिटी।

मैंने प्रतिरोध तो किया, लेकिन नतीजा मेरे पक्ष में आने वाला नहीं था, सो नहीं आया। अब अपनी तमाम छुट्टियाँ लेकर विरोध जताना शुरू कर दिया है। जब मर्जी छुट्टी मार लेता हूँ। जब मन हुआ दफ्तर गया, नहीं मन हुआ नहीं गया।... मेरे इस व्यवहार और खिन्नता की वजह से घर का माहौल भी प्रभावित हुआ है। पत्नी के चेहरे से खुशी गायब हो गयी है। बच्चे भी कुछ कटे-कटे-से रहने लगे हैं।

ऐसे में छोटकन बाबू को लेकर कोई उत्सुकता या उत्साह मन में नहीं था।

लेकिन छोटकन बाबू को आना था। वे आये। मैंने गौर किया कि अब वे पैंट की जगह पैजामा पहनने लगे हैं। कुर्ता और पैजामा फैब इंडिया जैसी किसी नामी कम्पनी से खरीदे गये हैं। उस लिबास में वे समाज सेवक से अधिक बुद्धिजीवी लग रहे थे।

टैक्सी से आए थे। वे उतरकर सीधे बरामदे में आये। हाथ का ट्रॉली वाला बैग बरामदे में टिकाया। पालगन किया, हालचाल पूछा और आवाज लगाते हुए सीधे भीतर चले गये, "अरे भउजी, कहां हैं। मैं तो आपके हाथ का बना नाश्ता करने आया हूं। फटाफट आलू का पराँठा खिला दीजिए।"

पत्नी शायद बाथरूम में थीं। वे उनकी आवाज पर निकलकर आयी थीं, "एक तो जमाने बाद आये हैं और आते ही हल्ला मचाना शुरू कर दिया।... बइठिए, पहिले चाय बनाती हूँ।"

वे किचेन में घुसीं तो पीछे-पीछे छोटकन बाबू भी चले गये।

पत्नी ने शिकायत की, "इतने दिन बाद भइया-भउजी कैसे याद आ गए? हम तो सोच लिए थे कि आपने हमसे नाता ही तोड़ लिया है।"

"राम राम, अरे कैसी बात करती हैं भउजी। आपसे नाता तोड़ के नरको में जगह नहीं मिलेगी मुझको।... असल में इतना काम फैला लिया है कि बस भागता ही रहा हूँ तीन साल से। अब जाके थोड़ी फुरसत मिली है। दिल्ली तो साल भर बाद आया हूँ।... भागलपुर में एक ठो छोटा-सा इंजीनियरिंग और मैनेजमेंट इंस्टीट्यूट खोल दिया है। उसी को शुरू करने में लगा रहा।... अब चल गया है। पहला बैच चल रहा है। अब थोड़ी फुरसत मिली है।... एक सेमिनार में बाम्बे गया था। वहीं से लौट रहा हूँ।

सोचा है, सारे लोगों से मिलता हुआ जाऊँगा।... मैं आज और कल यहीं हूँ। आपसे खूब बातें करने का मन है।"

चाय बन गयी थी। पत्नी एक ट्रे में चाय लेकर बरामदे में ही आ गयी थीं। बच्चे खेलने गये थे। हम तीनों बरामदे में बैठकर चाय पीने लगे थे। छोटकन बाबू ने शायद हमारे चेहरों पर पसरे तनाव को देखकर या पत्नी के चेहरे से गायब चहक को भाँपकर अन्दाजा लगा लिया था कि घर में सब कुछ ठीक नहीं चल रहा है। उन्होंने पूछा, "क्या बात है भउजी, सब ठीक-ठाक तो है। भइया की नौकरी तो ठीक चल रही है न?'

पत्नी के चेहरे पर उदासी गहरी हो गयी थी, "क्या बताएँ देवरजी, इनको लैब में ट्रांसफर कर दिया है। दिन भर उदास रहते हैं। कई-कई दिन दफ्तर नहीं जाते। घर में बैठे अखबार पढ़ते या चुपचाप लेटे रहते हैं। न मुझसे ठीक से बात करते हैं, न बच्चों से।..."

छोटकन बाबू ने गहरी साँस भरते हुए कहा था, "तो इसमें उदास रहने वाली कौन सी बात है भउजी। मैं आ गया हूँ न। सब जादू-मन्तर से ठीक हो जाएगा।... दरअसल मैं भइया से बात करने के लिए ही आया हूँ। आप लोग इसे मेरा स्वार्थ न समझें। मैं चाहता हूँ कि भइया ई नौकरी छोड़ दें। मैंने जो इंस्टीट्यूट खोला है उसके डायरेक्टर की जिम्मेदारी सम्भाल लें। बहुत कर ली सरकारी किरानीगीरी। कब तक इंची-टेप लेके नाप-जोख करते रहेंगे। भइया हमारे इलाके के सबसे तेज विद्यार्थी रहे हैं। हम चाहते हैं कि अपनी पढ़ाई-लिखाई का फायदा अपने इलाके के बच्चों को भी पहुँचाएँ।... तनखाह जो अभी इन्हें मिल रही है, उससे ज्यादा ही वहाँ पाएँगे।... मेरे पास टाइम तो है नहीं। अभी और कई कामों की योजना है।... इसलिए चाहता हूं कि कोई अपना आदमी इंस्टीट्यूट को सँभाल ले।... आप लोग भी गाँव में रहेंगे तो काका के पास रहेंगे। उनकी भी अब उमर हो गयी है। आप लोग इतनी दूर हैं तो उन्हें हमेशा आपकी चिन्ता लगी रहती है।... फिर इंस्टीट्यूट मैंने खोला जरूर है, है तो आप ही लोगों का। आप ही लोगों के आशीर्वाद से हो पाया है वह सब।... इसलिए मैं तो चाहता हूँ कि उसकी जिम्मेदारी आप लोगों को सौंपकर निश्चिन्त हो जाऊँ।"

मैं सोचता रहा कि कितना चालाक आदमी है यह। इसे कोई ऐसा ईमानदार और भरोसेमन्द आदमी चाहिए जो इंस्टीट्यूट को चलाता रहे और इसकी चालबाजियों पर अँगुली न उठाए, इसलिए मेरी स्थिति का फायदा उठाना चाहता है।

पत्नी नाश्ता बनाने किचेन में घुसीं तो छोटकन बाबू बाथरूम में घुस गये।

नाश्ता करके वे लोगों से मिलने चले गये।

पत्नी मुझे समझाने लगीं कि "अच्छा मौका है। सँभाल लीजिए छोटकन बाबू का इंस्टीट्यूट। घर के आदमी हैं। सरकारी नौकरी में मिलता क्या है। किसी तरह गुजारा हो पाता है।'

मैंने उन्हें समझाने की कोशिश की कि 'छोटकन हमारे ऊपर एहसान नहीं कर रहे। उनका अपना स्वार्थ है।...'

पत्नी ने तर्क दिया, "जो भी हो। आप नहीं जाएँगे, कोई न कोई तो उस काम को सँभालेगा ही।... फालतू के आदर्श बघारते रहने से कुछ हासिल नहीं होने वाला। अभी क्या मिल रहा है आपको।... कल को बच्चों की पढ़ाई का खर्चा बढ़ेगा। इस तनखा से तो घर चल जाए वही बहुत है। ऊपरी कमाई को आप हाथ लगाएँगे नहीं।... इतने पैसे में किलसते हुए ही जिन्दगी गुजरनी है।... गाँव में रहेंगे तो यहाँ जैसे खर्चे भी नहीं होंगे। तनखा भी ज्यादा मिलेगी। फिर, वहाँ जो इज्जत मिलेगी वो तो यहाँ सपना ही है।... क्या मिल रहा है यहाँ रहकर।..."

ऐसे तर्क-वितर्क हम दोनों के बीच चलते रहे। हम किसी निर्णय पर नहीं पहुँच पाये।

अब मेरे भीतर भी खुद से झगड़ा शुरू हो गया था। एक मन कहता, देखो आज के लड़के-लड़कियों को, कितने साहसी हैं। जहाँ पैसा और सुविधाएँ अधिक मिलती हैं, बेझिझक वहीं चले जाते हैं। नौकरी बदलने में उन्हें कोई हिचक नहीं। बल्कि वे लगातार नौकरी बदलने की कोशिश में लगे रहते हैं। टिक के एक जगह रह ही नहीं पाते।... दो-तीन साल की नौकरी में ही, लाख के आसपास सेलरी पाने लगते हैं।... प्राइवेट सेक्टर की नौकरियों में सुरक्षा लगातार कम होती गयी है, फिर भी आज के इंजीनियरिंग, एमबीए वगैरह करके आये लड़के-लड़कियाँ सरकारी नौकरियों को हिकारत की नजर से देखते हैं। सरकारी नौकरी करने वालों को लद्धड़ और अकर्मण्य समझते हैं।... और एक हम हैं कि चिपके हुए हैं उसी पुरानी सरकारी व्यवस्था से। सहज भाव से होने वाले प्रोमोशन के लिए भी चापलूसी और सिफारिश की जरूरत पड़ती है।...

दूसरा मन कहता, लेकिन कुछ भी हो, सुरक्षा तो है इसमें। भले प्राइवेट सेक्टर की तुलना में यहाँ पैसे कुछ कम मिलते हों, पर महीने की बँधी-बँधाई तनख्वाह तो आ रही है घर में। रिटायरमेंट के बाद पेंशन तो आएगी।... कल को छोटकन बाबू से न पटे, छोड़नी पड़े उनके कॉलेज की नौकरी तो कौन पूछेगा हमें। हम तो चलो गाँव में रह के गुजारा कर लेंगे, मगर बच्चों का क्या होगा। उनकी पढ़ाई-लिखाई का खर्चा कहाँ से आएगा।... ना भइया, ऐसा न हो कि लालच में दोनों जाएँ, माया मिले न राम।..."

दूसरे दिन छोटकन बाबू हमें यह कहते हुए शाम की फ्लाइट से रवाना हो गये कि फैसला करके जल्दी बता दीजिएगा।

मगर हम पति-पत्नी के बीच तर्क-वितर्क अभी खत्म नहीं हुआ है। मेरा खुद से झगड़ा भी चल रहा है। फैसला नहीं ले पाया हूँ कि मुझे क्या करना चाहिए।

000

देवता घर गये

इस बीच मौंझरपुर कांड हो गया। कांड क्या था, मुसहर बस्ती के मुताबिक देवता का कोप था। सब कुछ उलट-पुलट हो गया। बैंगा मुसहर ने लाठी मार के अपने बेटे ऐंचा का सिर फोड़ दिया। ऐंचा ने अपने बाप बैंगा, अपनी मेहरारू ललमुनिया और छोटे भाई बलिया के खिलाफ रपट लिखा दी। बलिया फरार हो गया। पुलिस ने बैंगा और ललमुनिया को हवालात में डाल दिया। उसी बीच दोनावाला समूह ने बैंगा के हिस्से वाले खेत का बरगद काट गिराया और कारखाने के लिए सड़क बनानी शुरू कर दी। बस, शुरू हो गया खड़मंडल।

हवालात में बैठा बैंगा पुराने दिनों को याद कर रहा था। जैसा कि ऐसे माहौल में होता है, उसकी आँखों में आँसू रुक नहीं रहे थे। वह आँख-नाक पोंछता पछता रहा था कि क्यों साथ दिया ऐंचा का। जिस बेटे के लिए वह जिन्दगी भर मरता-खपता, लोगों के बोल-कुबोल सुनता-सहता रहा, उसकी हर जरूरत का ख़याल रखता रहा, जिस पर इतना घमंड था उसे, उसी बेटे का कपार फोड़ना पड़ा। जिस बैंगा की नीयत पर जिन्दगी भर किसी ने अँगुली नहीं उठायी, उसी को बुढ़ापे में पुलिस ने हवालात में बन्द कर दिया।

उधर कोने में दुबकी ऐंचा की मेहरारू ललमुनिया चुपचाप बैठी थी। उसकी आँखों में न आँसू थे, न चेहरे पर क्रोध या ग्लानि के निशान। बस, मोटी सलाखों वाली खिड़की से बाहर नजरें टिकाये हुई थी। जैसे वह किसी नतीजे पर पहुँच चुकी हो और उसे हवालात से बाहर निकलने का इन्तजार हो।

मगर बैंगा के भीतर न जाने कितना कुछ उमड़-घुमड़, गरज-तरज रहा था। कभी क्रोध, कभी ग्लानि तो कभी निराशा के भाव उसके चेहरे पर आ-जा रहे थे।

000

पुरनिया लोग बताते हैं कि कोई साढ़े तीन सौ साल पहले तक इस इलाके में मुसहरों का राज था। इसलिए इस गाँव को मुसहरपुर नाम मिला। आज भी इसे कागजों में भले मौंझरपुर लिखा जाता हो, आसपास के गाँव वाले मुसहरपुर ही पुकारते

हैं। कहते हैं, मुगलिया अत्याचार से परेशान रणवीर सिंह के परदादा-तरदादा राजस्थान से भाग कर पूरे लाव-लश्कर के साथ इस इलाके में आए थे। तब यहाँ चारों ओर जंगल और पहाड़ थे। तरह-तरह के पेड़, रकम-रकम के जीव-जन्तु। मुसहरों के लिए खाने-पीने की कोई कमी नहीं। कहीं भी हाथ घुमाओ, कोई न कोई शिकार मिल जाता था। कन्द-मूल-फल की कोई कमी नहीं।

कोई-कोई तो यहाँ तक कहता है कि जब राम, सीता और लक्ष्मण के साथ वनवास को निकले तो मुसहरपुर के जंगल से होकर गुजरे थे। उन्होंने कुछ दिन यहाँ के मुसहरों का आतिथ्य स्वीकार किया था। जैसे भीलनी के जूठे बेर खाये थे, उसी तरह। मगर कोई इस बात को इसलिए नहीं मानता कि यहाँ ऐसी कोई पहचान नहीं मिलती, जिससे साबित हो कि राम यहाँ रुके थे। यहाँ न सीता की रसोई है, न राम की पादुका के निशान।... मगर इससे मुसहरपुर पर कोई असर नहीं पड़ता, जैसे बहुत सारी दूसरी बातों से नहीं पड़ता। वह मानता है कि जैसे इतिहास हर ब्योरा दर्ज नहीं कर पाता उसी तरह रह गयी होंगी वाल्मीकि और तुलसीदास की पकड़ से राम वनगमन के दौरान की मुसहरपुर सम्बन्धी बातें।...

जो हो, यह तो हकीकत है कि रणवीर सिंह के परदादा-तरदादा को यह इलाका भा गया। यहीं बसने का इरादा किया। बस गये। मुसहरों ने कोई विरोध नहीं किया। मुसहरों ने कभी हल की मुठिया नहीं पकड़ी, कभी खेत में अन्न नहीं उगाया, इसलिए उन्हें उस इलाके की जमीन पर बाहरी लोगों के कब्जे से कोई तकलीफ नहीं हुई। तब न किसी ने उन्हें इस बारे में कुछ सिखाया-समझाया, न उकसाया-भड़काया। सो, सब कुछ सहज ढंग से होता रहा। जंगल काटकर खेत बनने लगे, बढ़ने लगे। मुसहरों ने भी जंगल काटने, पहाड़ खोदने में उनका साथ दिया। इस तरह जिस इलाके में सिर्फ मुसहर रहते थे, वहाँ रणवीर सिंह के परदादा-तरदादा के साथ आयी बहुत सारी जातियाँ बस गईं। जमाना बदल गया।

जमाना बदला तो बदलता गया। जंगल कटना शुरू हुआ तो कटता गया। मगर इससे भी मुसहरों को कोई तकलीफ नहीं हुई। कोई विद्रोह नहीं किया उन्होंने। पत्तल-दोने बनाकर, साँप-साही, चूहे-मेढक मारकर गुजारा करते रहे। अपनी परिपाटी नहीं छोड़ी उन्होंने। उनकी दुनिया बचे-खुचे जंगल और पहाड़ियों तक सिमटी रही। बाहरी लोगों के गाँव से उनका मतलब भर का नाता था। न उन्होंने उनकी भाषा सीखी, न तौर-तरीके। इसका अन्दाजा इस बात से लगाया जा सकता है कि मुसहर बस्ती के लोगों को आज तक ठीक से सलाम करना भी नहीं आया। वे बाहरी गांव में जाते जरूर, मगर बस काम भर के लिए।

जमाना बदलता रहा। मुगल गये, अंगरेज आ गये। जमीन का बन्दोबस्त हुआ। जमीन के टुकड़ों पर नाम चढ़ गए। कुछ टुकड़ों को छोड़कर इलाके की सारी जमीन रणवीर सिंह के दादा-परदादा के नाम हो गई। उनका और उनके साथ आयी जातियों

का कुनबा बढ़ता रहा। गाँव फैलता रहा।

मगर मुसहरों पर इन बदलावों का भी कोई असर नहीं हुआ। वे जैसे रहते आये थे, रहते रहे। जंगल कटे, जमीन बँटी तो उन्होंने भोजन जुटाने का अपना तरीका बदल लिया। जंगल कटने से शिकार और कंदमूल मिलने कम हो गये। इसलिए उन्होंने पलास के पत्तों से दोने-पत्तल बनाकर या फिर जलावन की लकड़ियाँ वगैरह बेचकर भोजन जुटाना शुरू कर दिया था। गाँव की किसी बखरी में शादी-विवाह, मुंडन-नकछेदन, यज्ञ-जनेऊ, कथा-वार्ता हो, मुसहर पूरे हक के साथ पहुँचते और पत्तल-दोने, जलावन की लकड़ी बेचते, भर पेट भोजन लेते। लड़के की शादी हो तो मुँह माँगा उपहार, पैसा, अनाज लेते। लड़की की शादी हो तो सौ पत्तल-दोने मुफ्त दे आते, बिना बुलाये लकड़ी चीर आते। उसके बदले चावल-दाल, गेंहू-आटा जो मिलता, लेकर वापस आ जाते। उनकी औरतें बाबू लोगों की बखरी में जातीं, धान कूटने, गेहूँ पछोरने जैसे काम चुपचाप करतीं, मजदूरी के रूप में कुछ खाने-पीने का ले आतीं। बस। बाहरी लोगों की देखा-देखी मुसहर न खेती की तरफ आकर्षित हुए न हल की मुठिया पकड़ी। अपने हुनर और मेहनत की खाते रहे।

कभी-कभी झुंड के झुंड कहीं दूर-दराज के जंगलों या गाँवों की तरफ निकल जाते। वहाँ से सियार-खरगोश, नीलगाय वगैरह मारकर लाते और कई दिनों तक उनकी बस्ती में जश्न मनता।

उनमें से कुछ नकबमारी में ऐसे माहिर थे कि कठोर से कठोर दीवार को बड़ी सफाई से भेद डालते। किसी को भनक तक नहीं मिलती और वे अपना काम कर जाते। मगर इनका उसूल था कि अपने आसपास के गाँव में किसी के घर नकब नहीं मारते। दूर-दराज के गाँवों में निकल जाते। इस बारे में पूरे मौंझरपुर को पता था, और सबने इसे एक सहज वृत्ति के रूप में स्वीकार कर लिया था। पुलिस को भी पता था कि मुसहर बस्ती में कौन नकबमार है, कौन नहीं। कभी-कभार किसी रिपोर्ट पर पुलिस आती और मुसहर बस्ती से कुछ नकबमारों को पकड़कर ले जाती। दो-एक दिन बाद वे छूटकर आते और सहज भाव से मौंझरपुर के समाज में घुलमिल जाते।

देश आजाद हुआ, जश्न मना, मगर मौंझरपुर के मुसहरों को इसकी खबर तक न मिली। आज तक किसी ने न उनसे पूछा और न खुद उन्होंने जानने की कोशिश की कि आजादी का मतलब क्या है। जमाना बदलता रहा, मगर वे वैसे ही रहे जैसे रहते आये थे। अपने समाज में सिकुड़े-सिमटे। बाहरी दुनिया की हलचलों से बेखबर। अपने बनाये नियम-कायदों के पाबन्द। न बाहरी दुनिया में दखल दी, न बाहरी दुनिया की दखल सहन की।

बस आजादी के बाद मौंझरपुर में बदलाव यह आया कि रणवीर सिंह के खानदान की जमींदारी नहीं रही। वह किसान बन गया। वह भी सरकार को

मालगुजारी देने लगा। मगर जमींदारी की हेकड़ी नहीं गयी। दूसरा बदलाव यह कि मौंझरपुर के एक मुसहर ने रणवीर सिंह के परदादा के यहाँ हलवाही शुरू कर दी। हल की मुठिया पकड़ ली। वह मुसहर था—अलगोझा। बैंगा का दादा। ऐंचा और बलिया का परदादा। तब मुसहर बस्ती में बड़ी खुसुरफुसुर हुई। बूढ़े-बुजुर्गों ने टोका कि चाकरी हमारा धर्म नहीं। मगर अलगोझा अपनी धुन में मस्त। किसी की परवाह नहीं की। उस पर किसी के टोकने, ताने-तिश्ने का कोई असर नहीं पड़ा। हल की मुठिया पकड़ी तो ऐसा माहिर हो गया कि उसकी नफीस जुताई की मिसाल दी जाने लगी।

मौंझरपुर की परिपाटी के मुताबिक हलवाहों को दोपहर का भोजन मिलता और मजदूरी के तौर पर कुछ खेत दे दिया जाता। वह खेत रहता मालिकों के नाम, हलवाहे को बस उस पर खेती करने का अधिकार मिल जाता। इसी तरह अलगोझा को भी एक खेत मिला। गाँव के पच्छिम-दक्खिन में बड़े बरगद वाला खेत। बरगद खेत के बीचो-बीच खड़ा था। बरगद से जुड़ा पाकड़ का पेड़। लोग कहते, अगर इसमें पाकड़ के साथ पीपल भी उग आया होता तो यह हरशंकरी होता। पवित्र पेड़। उस पर शंकर-पार्वती का वास होता। मगर बरगद में केवल पाकड़ उगे तो वह अर्धशंकरी होता है। उस पर शंकर-पार्वती नहीं, उनके गण-अनुचर वास करते हैं। भूत-प्रेत, साँप-बिच्छू।

सो, उस बरगद के बारे में माना जाता था कि उस पर एक जबरा भूत रहता है। बरगद के पास वाले खेत में अनाज बोने और काटने से पहले परसाद न चढ़ाया जाये तो वह खेत में काम करने गये लोगों पर चढ़ जाता था। इसलिए उसमें फसल कम ही बोयी जाती थी। कंकड़-पत्थर की भरमार थी। मगर अलगोझा ने इसकी परवाह नहीं की। उसने मेहरारू-बच्चों के साथ मिलकर जोत-गोड़, कंकड़-पत्थर निकालकर खेत को ऐसा बना दिया कि उसमें जो बोया जाता लहलहा उठता।

अलगोझा ने हल की मुठिया थामी तो वह परम्परा बन गयी। वह बूढ़ा हुआ तो उसकी जगह उसके बेटे मँगरा ने ले ली। रणवीर सिंह के दादा की हलवाही चलती रही। भुतहा बरगद वाले खेत पर अलगोझा का परिवार खेती करता रहा। मँगरा भरी जवानी में मर गया। तब वह खेत वापस जाने का डर था। सो, उसके बेटे बैंगा ने सत्रह साल की उम्र में रणवीर सिंह की हलवाही पकड़ ली।

सब कुछ ठीक-ठाक चलता रहा। बैंगा को मेहरारू बड़ी लायक मिली। खेत में खूब मेहनत करती। खेत के कुछ हिस्से में कभी मक्का तो कभी खीरा-ककड़ी, खरबूजा वगैरह बोती। फिर अपने बेटे ऐंचा को लेकर दोपहर को कस्बे के स्कूल के सामने उसे बेचने बैठ जाती। छुट्टी के समय बच्चे बाहर निकलते और उससे भुट्टे या फिर खीरा-ककड़ी-खरबूजा वगैरह खरीदकर खाते। इस तरह घर में नगद पैसा भी आने लगा।

माँ के साथ बैठकर स्कूल के सामने भुट्टा, खीरा-ककड़ी-खरबूजा वगैरह बेचते-बेचते ऐंचा को भी स्कूल जाने का नशा सवार हो गया। एक दिन गाँव के स्कूल में जाकर चुपचाप बैठ गया। मास्टर जी ने देखा, नाम पूछा और रजिस्टर में लिख दिया। ऐंचा नाचते-कूदते दोपहर को घर लौटा। माँ को बताया। वह मुस्करायी और उसके माथे पर हाथ फेरा। फिर तो स्कूल जाने का सिलसिला चल पड़ा। मास्टर जी ने स्कूल से काठ की पटिया भी दे दी। ऐंचा पढ़ने लगा। बैंगा और उसकी मेहरारू के मन में सपना पलने लगा। अगर कभी वह खेत में माँ-बाप का हाथ बँटाने उतरता तो वे दोनों उसे प्यार से मना कर देते, "तैं रहन द्ये बेटा। हम करत्एं तो। जा तैं पढ़।"

मगर ऐंचा की पढ़ाई बहुत आसान नहीं थी। गाँव के सवर्णों के ताने, फब्तियाँ जब-तब सुनने को मिलतीं। पर ऐंचा ने यह सब सहना सीख लिया था। सुनता, चुप लगा जाता। मगर उसके भीतर पढ़ाई जैसे चुनौती की तरह बैठती गयी। ठान लिया कि साबित करके दिखाना है खुद को। साल-दर-साल अव्वल आता रहा। बैंगा और उसकी मेहरारू का माथा गर्व से तना रहता।

मगर छोटा बेटा बलिया इसके बिल्कुल उलट निकला। पढ़ाई-लिखाई से उसका कोई नाता नहीं बन पाया। बैंगा और उसकी मेहरारू ने खूब मारा-पीटा, सिखाया-समझाया, लेकिन कोई असर नहीं हुआ। उलटा हुआ यह कि बलिया बस्ती के नकबमारों और जेबकतरों के साथ उठने-बैठने लगा। बहुत कम उमर में कुशल नकबमार बन गया। मुसहर बस्ती के पेशेवर नकबमारों के साथ महीनों गायब रहने लगा। थक-हारकर बैंगा और उसकी मेहरारू ने उसे उसी रूप में स्वीकार कर लिया। मगर जब वह अपने हिस्से का माल-मत्ता लेकर वापस लौटता तो बैंगा और उसकी मेहरारू उसे हाथ तक न लगाते। उसे घर के अन्दर लाने की इजाजत नहीं थी। फिर वह उसे कहाँ रखता, कैसे खरचता, न बैंगा पूछता न उसकी मेहरारू। इस तरह बलिया माँ-बाप के साथ रहते हुए भी अलग हो गया था।

मगर ऐंचा से उसका खासा लगाव था। हालाँकि ऐंचा को वजीफा मिलता था, मगर हर बार जब बलिया गाँव लौटता, ऐंचा के लिए कोई न कोई सामान जरूर लाता। कभी नये कपड़े, कभी जूते, स्वेटर तो कभी कुछ और। कभी-कभार पुलिस आती, बलिया को पकड़ ले जाती, फिर कुछ दिनों बाद वह छूटकर वापस लौट आता। जैसा मुसहर बस्ती में आम था। बलिया अपनी चोरी और हवालात के किस्से बड़े मजे से ऐंचा को सुनाता। फिर दोनों खूब हँसते।

000

बलिया और ऐंचा के लगाव की बातें याद आयीं तो बैंगा ने हवालात के कोने में दुबकी ललमुनिया की तरफ देखा। फिर उसका गुस्सा अचानक बढ़ गया। "ससुरा नीमकहराम। अब हम उसके माफिक नैं लगतें। शहर जातै पांख लिकरि आत्एं।" वह

गुस्से में बड़बड़ाता कोठरी में इधर से उधर टहलने लगा। ललमुनिया उसे गुस्से में बड़बड़ाते-टहलते देखती रही, मगर कुछ नहीं बोली। न कोई साँत्वना, न कोई आश्वासन। या तो उसे बैंगा के गुस्से का अर्थ समझ नहीं आ रहा था या फिर यह सब उसके लिए बेमानी था।

रात का अँधेरा बढ़ गया था। थाना परिसर में सन्नाटा पसर गया था। फाटक का पहरी भी हाथ में बन्दूक थामे ऊँघने लगा था। नींद के झोंके में उसका सिर बार-बार नीचे लटककर गिरता और फिर सँभलकर गरदन सीधी हो जाती। बैंगा का गुस्सा शान्त हुआ तो फिर अपनी जगह गुड़मुड़ी मारे बैठ गया।

फिर यादों का हमला।

बीए पास करने के बाद ऐंचा ने नौकरी के लिए दौड़-धूप शुरू कर दी थी। साल बीत गया, मगर कोई नौकरी हाथ नहीं आयी। ऐंचा के चेहरे पर चिन्ता और परेशानी देख कर उसकी माँ का कलेजा मुँह को आता। बैंगा भी परेशान रहने लगा था। रणवीर सिंह समझाते, ‘‘अरे भाई अनुसूचित जाति का कोटा है, नौकरी तो मिलबे करेगी एक न एक दिन। ऊ हमरे सबके बच्चा-बुतरू की तरह तो है नहीं कि नौकरी के लिए नाक रगड़नी पडेगी। सरकार हर जगह तो रक्खे हुए है नौकरी तुम सबके लिए। पढ़ाई-लिखाई चाहे जैसी किये हो, नौकरिया तो मिलबे करेगी। बखत तो लगता है न भाई। नाहक परेशान होने का कौनो फैदा नहीं है।’’

मगर ऐंचा के माथे की लकीर बैंगा से देखी न जाती। वह ईश्वर से मनाता रहता कि जल्दी ऐंचा को नौकरी मिले और उसका दुख दूर हो। ऐसी ही मानसिकता में एक दिन चमत्कार हुआ था।

कार्तिक का महीना। खेत में बाजरे की फसल पक चली थी। इसलिए बैंगा की मेहरारू दिन भर मचान पर बैठी कौए और चिड़िया-चुडुंग भगाती रहती। शाम को हलवाही के काम से फारिग होकर बैंगा वहाँ जाता और उसे घर भेजता।

उस दिन जब सूरज छिप गया था। पच्छिम की ललाई में कालिख घुलने लगी थी, बैंगा ने मचान पर बैठे-बैठे आँखें बन्द कर बरगद के बाबा से ऐंचा के लिए प्रार्थना की। आंखें खोलीं तो देखा बरगद के नीचे एक नन्हा-सा पत्थर चमक रहा है। बैंगा उसे देर तक देखता रहा। उसने सुना था कि जब किसी करिया साँप की उमर सौ साल से ऊपर हो जाती है तो वह मणिधर हो जाता है। वह मणि उगलता है। बैंगा सोचता रहा कि क्या किसी मणिधर साँप ने मणि छोड़ी है। वह यह तो जानता था कि मणि अनमोल होती है, मगर उसे उठाने वाले के ऊपर खतरे बहुत होते हैं। मणिधर साँप उसे ढूंढ़ता है। गन्ध से पहचान लेता है और फिर मणि उठाने वाला धरती के किसी भी कोने में छिप जाए, उसे काटकर ही रहता है। जब तक मणिधर की मर्जी न हो, कोई उसकी मणि को उठा नहीं सकता।... बैंगा उस चमकते पत्थर को देखता रहा,

तरह-तरह की बातें सोचता रहा। फिर जैसे किसी ने कहा, "उठा ले बैंगा मणि। बांध दे ऐंचा की बांह में ताबीज की तरह। बन जाएगा काम।"

बैंगा मचान से उतरा। पत्थर उठाया और घर की ओर लौट चला। रास्ते भर मुट्ठी खोल-खोलकर पत्थर को देख लेता। इतना चिकना-चमकीला पत्थर उसने पहले कभी नहीं देखा था। सचमुच चमत्कारी पत्थर। घर पहुँचकर मेहरारू को बताया। मेहरारू भी हैरान। उसने फटाफट एक साफ-सुथरे काले कपड़े में लपेटकर पत्थर का ताबीज सिल दिया।

बरगद वाले बाबा ने अच्छे मौके पर आशीर्वाद दिया था। अगले दिन ऐंचा को मुम्बई निकलना था, नगर महापालिका में बाबू की नौकरी के लिए इंटरव्यू देने। बलिया दो दिन पहले ही उसके हाथ में आने-जाने, रहने-खाने का खर्चा थमाकर कहीं गायब हो गया था। ऐंचा की माँ ने वह ताबीज उसकी दाहिनी बाँह में बाँध दिया। समझाया कि इसे उतारना नहीं कभी। हमेशा बाँधे रखना। बाबा बरगद वाले रच्छा करेंगे।

और सचमुच पत्थर करामाती निकला। ऐंचा को बृहन्न मुम्बई नगरपालिका में बाबू की नौकरी मिल गयी। सात-आठ दिन बाद गाँव लौटा था ऐंचा। तैनाती का कागज वगैरह लेकर। महीना भर के अन्दर काम सँभालना था।

मुसहर बस्ती उमड़ पड़ी ऐंचा को देखने। बलिया ने दावत का एलान कर दिया। अगले दिन बाबा बरगद वाले को सात सुअरों की बलि दी जाएगी। पूरी मुसहर बस्ती को दावत। इसी खुशी में बैंगा ने भी एक एलान किया—"काल्हे रसम कारैंगे ऐंचा-ललमुनिया तें बिआह को। बहुत पहले बचन देत्यों माछर को कि ऐंचा को बिआह ओकरी बेटी तेंई कारैंगे।" सारे मुसहर समुदाय ने हो हो करके आनन्द भाव प्रकट किया। "फिर आगिल मंगल को बिआह।" बैंगा ने अगली घोषणा सुना दी। ऐंचा से पूछा न ताछा। इसका सवाल ही नहीं उठता था। जो बाप ने तय कर दिया उसे बेटे को मानना ही पड़ेगा। सो, ऐंचा ने बाप का एलान कबूल कर लिया।

हफ्ता भर मुसहर बस्ती में जश्न का माहौल रहा। ऐंचा पहला लड़का था, जिसने पढ़ाई-लिखाई करके मुसहर समुदाय का नाम ऊँचा किया था।

शादी करके तीन-चार दिन रहने के बाद ऐंचा रवाना हो गया था मुम्बई के लिए।

इधर बैंगा को बरगद वाले बाबा पर ऐसी आस्था बनी कि वह वहीं मड़ई बनाकर रहने लगा। सधुआ गया। रणवीर सिंह ने जबसे ट्रैक्टर खरीदा था हल-बैल हट गये थे। हलवाही का काम खतम। बैंगा अब हल जोतना छोड़कर ट्रैक्टर के साथ लग गया था। कोन खोदना, पाटे पर चढ़ना, जरूरत पड़ने पर डीजल वगैरह ढोकर पहुँचाना करता रहता। बरगद बाबा के चमत्कार के बाद उसने वह सब काम भी छोड़ दिया। तुलसी की कंठी पहन ली। बरगद के नीचे मिट्टी की बेदी बनायी और वहीं धूनी रमा दी। सुबह-शाम बरगद बाबा की बेदी पर अगरबत्ती-लोबान जलाता, सिन्दूर पोतता और कीर्तन जैसा कुछ

गाता रहता। मुसहर बस्ती के किसी आदमी-औरत को कोई तकलीफ, कोई समस्या होती, वह बरगद के पास से कोई कंकड़ उठाकर दे देता और उसकी सारी समस्या दूर। इस तरह बैंगा मौंझरपुर के मुसहर समुदाय में पहला सिद्ध सन्त बन गया।... अब मुसहर बस्ती ने बाबा बरगद वाले का चबूतरा बनाने का संकल्प लिया।

जिस दिन बाबा बरगद वाले के चबूतरे की ईंट रखी गयी, उसी दिन पता चला कि ललमुनिया को बच्चा होने वाला है। एक नयी खुशी। जय बाबा बरगद वाले की। यह तो परसाद डाला है बाबा ने ललमुनिया की अँचरा में। इससे चबूतरा बनाने का उत्साह और बढ़ गया था।

000

ऐंचा जब से गया था, न कोई चिट्ठी न पत्री। जाते समय अपने दफ्तर का पता दे गया था। बता रहा था कि जाकर डेरा लेगा। पता नहीं कैसे-कहाँ रह रहा होगा। मगर उसे खबर तो करनी होगी कि उसका परिवार बढ़ रहा है। ऐंचा की माँ ने माँगुर यानी ऐंचा के साले को बुलाकर कहा, ''बेटा, ऐंचा को सनेसा लिख कि ओकर परिवार बढ़े वाला एं।'' ऐंचा के बाद अब वही इस बस्ती में था, जो चिट्ठी-पत्री लिख-पढ़ सकता था। ऐंचा की देखा-देखी माँगुर ने पढ़ाई शुरू की थी। उसने चिट्ठी लिखकर ऐंचा के दिए दफ्तर के पते पर रवाना कर दी।

सबको विश्वास था कि चिट्ठी पाते ही ऐंचा भागा आएगा। मगर महीना बीत गया, न कोई जवाब आया न खुद ऐंचा। इसलिए दूसरी चिट्ठी भेजी गयी। वह भी खाली गई। तीसरी-चौथी चिट्ठियाँ भी खाली। छह महीने गुजर गये। तय हुआ कि माँगुर मुम्बई जाकर ऐंचा को खुद सनेसा दे। क्या पता, चिट्ठियाँ उस तक पहुँची ही न हों। कहीं रास्ते में गुम हो गयी हों।

माँगुर रवाना हुआ मुम्बई के लिए। पूछते-ताछते पहुँच गया उस पते पर जो ऐंचा ने लिखकर दिया था। वह बृहन्न मुम्बई नगर पालिका का मुख्यालय था। ऐंचा की तैनाती वहाँ नहीं, दूसरी जगह थी। फिर वहाँ ऐंचा नाम से उसे कोई नहीं जानता था। दिन भर लगा उसे पता करने में कि आखिर ऐंचा इस विभाग में नौकरी करता भी है या नहीं। बड़ी मुश्किल से पता चला कि ऐंचा का नाम ऐंचा नहीं, बल्कि इच्छा कुमार है। इच्छा कुमार! माँगुर की समझ के बाहर थी यह बात।

मगर इससे एक बात समझ में आयी उसे कि उसकी लिखी चिट्ठियाँ ऐंचा तक क्यों नहीं पहुँची थीं। अभी तक तरह-तरह के विचार उठ रहे थे उसके मन में। ऐंचा से उसकी मुलाकात हो भी पाएगी कि नहीं। इतने बड़े शहर में कहाँ ढूँढ़े उसे। वापस गांव जाकर लोगों को क्या बताएगा। तमाम तरह के सवाल उसके मन में उठते रहे और तमाम तरह के झूठे जवाब वह गढ़ता रहा मन ही मन। मगर बिरादरी के सामने झूठ बोलेगा कैसे। पाप लगेगा।

खैर, सही पता मिल गया तो माँगुर पहुँच गया ऐंचा तक। जैसे किसी तपस्या का फल मिला हो उसे।

ऐंचा से मिलकर माँगुर को जितनी खुशी मिली, ऐंचा को उतनी ही पीड़ा हुई। वह मन ही मन सोचने और अँदाजा लगाने लगा कि माँगुर दफ्तर में पहुँचा होगा तो लोगों ने तरह-तरह के सवाल किये होंगे इससे। जाति भी खुल गयी होगी मेरी। कल दफ्तर पहुँचूँगा तो लोग किन नजरों से देखेंगे मुझे, वह अन्दाजा लगाने लगा। अफसोस हो रहा था उसे कि क्यों उसने अपना पता लिखकर छोड़ आया था गाँव। बहाना भी तो कर सकता था कि डेरा लेने के बाद भेज देगा अपना पता। मगर मति मारी गयी थी मेरी।...

माँगुर विह्वल था ऐंचा का ठाठ देखकर। गर्व हो रहा था उसे अपनी बहन की किस्मत पर। कितना हुनरमन्द दूल्हा मिला है उसे। उसमें यह भरोसा भी पैदा हुआ कि जैसे ही पढ़ाई पूरी होगी ऐंचा पाहुन तो चुटकी बजा के नौकरी दिला देंगे मुझे। इतना बड़ा दफ्तर है, काम की कमी थोड़े होगी। फिर तो मेरी भी जिन्दगी मौज की हो जाएगी।...

ऐंचा बाहर से बड़ा-पाव ले आया था नाश्ते के लिए। पहली बार खा रहा था माँगुर ऐसा खाना। क्या स्वाद था! जैसे उसकी आत्मा तृप्त हो गयी। ऐंचा की हर बात पर उसे गर्व हो रहा था। वह कुछ भी कहता, बतियाता तो माँगुर विह्वल होकर सुनता। क्या रहन-सहन है, क्या खानपान, क्या कपड़े पहने हैं ऐंचा पाहुन ने! दफ्तर में भी खूब रोब होगा इनका। नाम रोशन कर दिया बैंगा बाबा का। पूरे मुसहर जाति का। सब बाबा बरगद वाले की किरपा है।...

सुबह उठते ही माँगुर ने ऐंचा से पूछा था, "पाहुन, आपिस वाला तोर नाम काहें बदला?"

ऐंचा की खीज बढ़ गयी थी। मगर उसे दबाते हुए उसने जवाब दिया, "असली नाम यही है मेरा। सर्टिफिकेट का नाम। गाँव में कोई किस नाम से मुझे बुलाता है, आफिस वालों से क्या लेना-देना।"

"तो साटिकफिटिक में नाम तूँ खुद बदलवातएं!" मांगुर ने फिर पूछा।

"हूँ। ऐंचा भी कौनो नाम होतएं का?"

माँगुर चुप लगा गया। यह जानकर उसे खुशी हुई। मन ही मन सोचा, वह भी अपना नाम बदलेगा, नौकरी लगने के बाद। माँगुर नाम अच्छा नहीं है। यह तो एक मछली का नाम है, आदमी का नाम तो आदमी जैसा होना चाहिए।

ऐंचा दफ्तर जाने की तैयारी करने लगा। वह माँगुर को दिन भर के खाने-पीने वगैरह के बारे समझाने लगा तो माँगुर ने कहा, "पाहुन, हम तोसे मिल लेतएं, तसल्ली हो गो। अब जल्दी गाँव जाके सनेसा दूँगो। आजे निकल जानद्यो। मगर तूँ जल्दी छुट्टी लेके गाँव आ जा। सब इन्तजार करतएं। बहिन का बच्चा भी होन वाला एं। तूँ

आओगो तो बाबा बरगद वाले को सुअर का बलि ध्येंगे।...''

''अरे अब्भी हम छुट्टी नहीं ले सकता भाई। नयी नौकरी है। साल भर का प्रोबेशन होता है। ठीक से नौकरी नहीं की तो पक्का नहीं हो पाऊँगा। पक्का होने का लेटर मिलते ही आऊँगा गाँव। बता देना सबको।''

रवाना हो गया था माँगुर उसी दिन मुम्बई से गाँव के लिए। बहुत खुश था ऐंचा की तरक्की देखकर। रास्ते भर तरह-तरह के सपने देखता रहा था वह। तय किया था कि जाते ही बाबू से कहेगा कि इस बार ऐंचा... धुत... इच्छा कुमार पाहुन गाँव आएँगे तो हम लोग सुअर मांस का दावत देंगे। खिलाएंगे पूरे समाज को।... जब लोगों को पता चलेगा कि ऐंचा पाहुन का असली नाम इच्छा कुमार है तो कितने हैरान होंगे। बड़ा मजा आएगा।

यही सब सोचते-गुनते डेढ़ दिन का सफर तय करके माँगुर मुम्बई से गाँव पहुँचा था।

जाते ही सबसे पहले बैंगा बाबा को खबर सुनायी, ''बाबा, ऐंचा पाहुन को खूब रुतबा एं शहर में। पक्का घर, रसोई अलग, संडास अलग। दिन-रात बिजुरबत्ती को अँजोर।...'' मगर महसूस किया कि खबर सुनकर बैंगा उतना उत्साहित नहीं हुआ, जितना होना चाहिए।

बस्ती वालों ने बताया कि पहाड़ी पर पैमाइश हुई है। यहाँ खेती की खाद, कीड़ा मारने की दवाई, सिंचाई के औजार बनाने का कारखाना खुलेगा। सरकारी अफसर आये थे। दो दिन रहकर गए हैं। कह रहे थे, बैंगा बाबा को भी अपना बरगद वाला खेत बेचना पड़ेगा। उधर से सड़क जाएगी कारखाने तक। बरगद कटेगा। बरगद वाले बाबा का चबूतरा भी वहाँ से हटाकर कहीं और रखने की बात कह रहे थे। मगर बैंगा बाबा ने मना कर दिया। कहा, नहीं बेचेंगे खेत। बरगद वाले बाबा को नहीं उजड़ने देंगे। जब अफसर नहीं माने तो बैंगा बाबा ने उन्हें शाप दिया कि विनाश कर देंगे बरगद वाले बाबा तुम्हारा। अफसर हँसते रहे। फिर चले गये। तब से बैंगा बाबा उदास हैं।...

माँगुर जानता था कि मौंझरपुर में रासायनिक खाद और कृषि उपकरण बनाने का कारखाना लगने वाला है। पिछले साल ही मुख्यमन्त्री ने जिला मुख्यालय पर रैली को सम्बोधित करते हुए इसकी घोषणा कर दी थी। उस घोषणा के बाद इस इलाके के लोगों मैं खासा उत्साह था। नौजवानों में उम्मीद जगी थी कि उन्हें नौकरी मिलने में आसानी हो जाएगी। दूर किसी शहर में नहीं जाना पड़ेगा। क्योंकि मुख्यमन्त्री ने यह भी कहा था कि कारखाने के लिए जिन लोगों के खेत लिए जाएँगे उन्हें न सिर्फ उचित मुआवजा मिलेगा, बल्कि उनके परिवार के एक सदस्य को उसकी योग्यता के मुताबिक नौकरी भी दी जाएगी।

बस, तभी से शुरू हो गया था जुगाड़-तुगाड़। जिन लोगों की किसी नेता तक पहुंच थी वे उनके पास दरबार लगाने लगे। कई युवक तो दिल्ली जाकर अपने लिए तगड़ी सिफारिश का जुगाड़ करने लगे थे। आए दिन अफवाह उड़ती कि फलाँ का बेटा तो रसायनमन्त्री से चिट्ठी लिखवा लाया है, चिलाँ के बेटे ने मुख्यमन्त्री कार्यालय में जुगाड़ तलाश लिया है। इस बीच कई बिचौलिए उग आये थे जो घूस देकर नौकरी दिलाने का दावा करते फिरते थे। कुछ लड़कों ने तो उनके पास घूस का एडवांस भी जमा करा दिया था।... अब जाकर मुख्यमन्त्री की घोषणा पर कार्रवाई शुरू हुई है।... माँगुर सोचता रहा।

मगर इस कार्रवाई में बैंगा बाबा का घर उजड़ेगा, यह भला कहाँ किसी ने सोचा था। माँगुर ने दृढ़ होकर बैंगा को ढाँढस बँधाया, "अधीर ना हो बाबा। आन द्यो ऐंचा पाहुन के। बड़ा अफसर एं। आके अफसर लोग से बात करंगे। सब ठीक हो जांगो।"

000

यह सोचते ही हवालात में बैठे बैंगा का गुस्सा एक बार फिर बढ़ गया। ललमुनिया की ओर देखा। गुड़ीमुड़ी हुई हवालात के कोने में दीवार से सिर टिकाए सो गयी थी। बैंगा फिर फुँफकारते हुए खड़ा हो गया। बुबुदाने लगा, "ऊ का तकलीफ दूर करत्यो हमार। कर ग्यो नया कांड।... अब आनद्यो, सीद्धा गरदन काट दूँगो सार के।..."

सुबह बैंगा और ललमुनिया को जिला कारागार में भेज दिया गया। रात भर से ज्यादा उन्हें थाने में नहीं रखा जा सकता था। बैंगा को मर्दों की बैरक में और ललमुनिया को पास ही औरतों की बैरक में रखा गया।

रपट लिखाने के बाद ऐंचा मुम्बई चला गया था।

इधर मौंझरपुर की मुसहर बस्ती में गुस्सा बढ़ता जा रहा था। गुस्सा इस बात का कि जो बात जाति की पंचायत में सुलझायी जानी थी, उसे ऐंचा ने पुलिस के पास क्यों लिखायी। कोई कहता जाके पकड़ ला साले को यहाँ। कोई सलाह देता, लाना क्या है पकड़के, वहीं हत दो ससुर को। किसी ने बात को अलग मोड़ दिया, इसमें पुलिस का भी कम दोष नहीं है। ऊ काहें पड़ी हमारे जाति के मामले में। हमको छुड़ाना होगा बैंगा बाबा को। हमला कर दो थाने पर। फूँक दो थाना। जो फैसला पंचायत में होना था, ऊ ससुरी पुलिस कैसे कर सकती है। मारो सालों को।...

बस इसी ललकार पर सुबह-सुबह पूरी मुसहर बस्ती भाला-गँड़ासा, रम्मा-दाब लेकर थाने की तरफ कूच कर गयी थी। थानेदार को खबर मिली तो उसने जिला मुख्यालय पर फोन करके खबर दी। सात-आठ सिपाहियों के बल पर वे डेढ़-दो सौ लोगों का सामना कैसे कर पाएँगे। फिर उन पर सीधा गोली चलाना भी ठीक नहीं। जिला मुख्यालय से निर्देश मिला कि किसी बिचौलिए के जरिये भीड़ को समझाने की कोशिश करो। बात न बने तो थाना छोड़कर कहीं और चले जाओ। हम यहाँ से गारद

भेज रहे हैं। जब तक गारद न पहुँचे आप अपनी हिफाजत कीजिए।

जिला मुख्यालय से गारद पहुँचने में आधा घंटा लगता। उससे पहले ही मुसहर थाने पर पहुँच गये थे। अनुमान से कहीं अधिक लोग। जहाँ-जहाँ मुसहर समुदाय को खबर मिली सब हथियार लेकर थाने की तरफ बढ़ चले थे। औरत मर्द सब। भीड़ देखकर थानेदार की साँस जहाँ की तहाँ रुक गई। इतनी भारी भीड़ का सामना करना उसके बूते की बात नहीं थी। गारद भी क्या कर पाएगी! थानेदार सादी वर्दी में कहीं छिप गया। सिपाही भी हथियार वगैरह समेटकर कहीं चले गये। इतनी भारी भीड़ देखकर दुकानें भड़ाभड़ बन्द हो गयी थीं।

मुसहरों ने थाने पर हमला बोल दिया। भीतर घुसकर देखा। बैंगा और ललमुनिया नहीं थे वहाँ। बहुत खोजा, एक चिरई का पूत तक नहीं मिला। बस गुस्साई भीड़ ने थाने में आग लगा दी। जब तक गारद पहुँचती, थाना लहक उठा था। मुसहर समुदाय जयजयकार करते हुए वापस लौट रहा था।

गारद ने उनका पीछा किया। भीड़ ने पलटकर हमला कर दिया। पहले हवाई फायर, फिर सीधे निशाना बनाकर। दो मुसहर मारे गये। उनमें माँगुर भी एक था। भीड़ के आगे सबसे ऊँची आवाज में उछल-उछलकर नारे लगा रहा था। मारा गया। भीड़ तितर-बितर हो गयी, मगर उसका गुस्सा और बढ़ गया। लाशें जहां गिरी थीं वहीं छोड़ दी गयी। मुसहरों ने हूह बाँधे चारों तरफ से हमला कर दिया। गारद के होश फाख्ता हो गये। गाड़ी पीछे लौटायी और भाग खड़ी हुई।

मुसहरों ने लाशें उठायीं और एक बार फिर थाने की तरफ बढ़े। लाशें थाना परिसर में रख दी गयी। थाने को चारों ओर से घेर लिया। दिन भर घेरे रहे। दूर-दराज गाँवों तक गोलीकांड की खबर फैली तो मुसहर समुदाय के और भी लोग आन्दोलन में शामिल होते गये।

शाम को एसपी साहब आये। एक स्थानीय नेता की मदद से बातचीत की कोशिश की। मुसहरों को समझाने-बुझाने का प्रयास किया। सलाह दी कि ऐंचा को बुलाकर केस वापस लेने को कहो, हम बैंगा और ललमुनिया को रिहा कर देंगे। मगर ऐंचा को बुलाने का सवाल ही नहीं था। मुसहर अपनी जिद पर अड़े रहे। थाने को घेरे रखा। एसपी साहब ने लाशें उठवाने की कोशिश की तो उठाने नहीं दिया।

जब सूरज पच्छिम की तरफ खिसकने लगा था, कई अखबार वाले और टी.वी. चैनलों की गाड़ियाँ वहाँ पहुँच गयी। रिपोर्टिंग शुरू। घेरा बनाए लोगों से बातचीत शुरू हो गयी। पहले तो आन्दोलनकारी सहमे-घबराये, अकड़े-तने, बातचीत से मना किया, फिर किसी ने समझाया कि अखबार और टेलीविजन में खबर छपेगी तो उनके आन्दोलन में मजबूती आएगी, तो वे तैयार हो गये। तरह-तरह के सवाल, तरह-तरह की दलीलें।

इस बीच भीड़ में से किसी ने आवाज दी, लाशें उठाकर जिला मुख्यालय पर धरना दो। जिलाधिकारी का घेराव करो। यह एक दलित संगठन का कार्यकर्ता था। बस, मुसहर लाशें उठाकर जिला मुख्यालय की तरफ बढ़ चले।

रात तक टेलीविजन चीखने लगे- आदिवासी समुदाय के अधिकारों को कुचलने की सरकार की नयी कोशिश। जब प्रशासन जानता है कि मुसहर समुदाय अपने घर-परिवार के मसले जाति की पंचायत में निपटाते हैं, फिर भी पुलिस ने एक मामूली पारिवारिक विवाद पर मुसहर जाति के बुजुर्ग और उसकी बहू को हवालात में डाल दिया। इस तरह मुसहर समुदाय के रीति-रिवाजों पर हमला राज्य सरकार का अलोकतान्त्रिक रवैया है।... बात-बात पर गोली चला देना जैसे प्रदेश पुलिस की आदत बन चुकी है। फर्जी मुठभेड़ दिखाकर किसी भी निर्दोष को मार गिराना, किसी को भी शातिर बदमाश करार दे देना आम बात है।... दलित और आदिवासी समुदाय तो अक्सर इसके निशाने पर रहते हैं।...

एक टेलीविजन चैनल ने तो इस कांड पर बहस ही करा दी। उसमें महाविद्यालय में पढ़ाने वाले एक समाजशास्त्री अपनी दलीलें दे रहे थे तो एक मानवाधिकार कार्यकर्ता अपनी। एक अखबार के सम्पादक की अपनी सतर्क दलीलें थीं तो राजनीति विज्ञानी अपने तर्क दे रहे थे। कोई लोकतन्त्र में कानून के सर्वोपरि होने का तर्क दे रहा था तो कोई सामुदायिक परम्पराओं और रीति-रिवाजों की अहमियत पर प्रकाश डाल रहा था। हाँव-हाँव, झाँव-झाँव।

मगर टी.वी. चैनलों के चीखने-चिल्लाने का न तो प्रशासन पर कोई असर दिख रहा था न मौंझरपुर के लोगों पर। बस, मुसहर समुदाय आन्दोलन करता रहा। लाशें रखकर जिलाधिकारी कार्यालय के बाहर धरने पर बैठा रहा और पुलिस गारद चारों ओर से घेरा बनाए खड़ी रही। कोई स्थानीय दलित नेता और एनजीओ कार्यकर्ता बीच-बीच में खड़ा होकर भाषण देता, नारे लगाता, सरकार और प्रशासन को खरी-खोटी सुनाता, पर पुलिस गारद उस पर ध्यान दिये बिना घेरा बाँधे खड़ी रही।

पूरी रात इसी तरह गुजरी।

000

इसी शोर-शराबे, व्यूह रचना के बीच दोनावाला समूह ने बैंगा के खेत का बरगद काट गिराया और वहाँ सड़क बनानी शुरू कर दी। बकायदा अपने चितकबरी वर्दी वाले बन्दूकधारी सुरक्षाकर्मियों के घेरे में। मौंझरपुर दूर खड़ा देखता रहा। अजीब माहौल था। बन्दूकधारी चितकबरी वर्दी वाले सुरक्षाकर्मियों के घेरे में मशीनों की हड़हड़-गड़गड़ खासी दहशत पैदा कर रही थी।

रणवीर सिंह को तीर्थयात्रा पर रवाना कर दिया गया। डर था कि उन पर हमला हो सकता है।

रणवीर सिंह का किस्सा यों है कि बरसों घर से अलग रहने के बाद एक बार फिर वे परिवार वालों के लिए प्रासंगिक हो उठे थे।

रणवीर सिंह के दो बेटे। बड़ा यानी कृपाशंकर फौज में अधिकारी होकर रिटायर हुआ और चंडीगढ़ में अपनी कोठी बनाकर रहने लगा था। पहले कभी-कभार किसी मौके पर गाँव आ भी जाता, मगर अब नहीं आता। दूसरा बेटा वंशलोचन और उसका परिवार गाँव में ही रहता है। वह ज्यादा पढ़ा-लिखा नहीं। गाँव की खेती-बारी सँभालता है। पिता से शुरू से ही उसकी अनबन रहती है। पिता जमींदारी अकड़ में ताब के साथ जीते रहे, इसलिए वे वंशलोचन पर भी रोब गाँठने से बाज नहीं आते। मगर जैसे-जैसे वे बूढ़े होते गये और वंशलोचन जवान, वह उनकी बातें मानने से इन्कार करता गया। रणवीर सिंह चीखते-चिल्लाते, कोसते-गरियाते रहते, मगर उस पर कोई असर नहीं पड़ता। नये जमाने के हिसाब से जीना चाहता था वह। खेती ज्यादा थी, इसलिए उसने पुराना ट्रैक्टर बेच कर दो नये ट्रैक्टर खरीद लिए थे। एक हारवेस्टर भी। खेती में नये-नये प्रयोग करता। कभी सफल होता, कई बार विफल। मोटरसाइकिल की जगह अपने लिए एक पुरानी जीप खरीद ली थी। जब बस स्टैंड की बगल में देसी का ठेका खुला और पुलिया पर लाल रंग से मोटे अक्षरों में लिख दिया गया कि 'आपका ध्यान किधर है, मयखाना इधर है' तो वंशलोचन चाहकर भी अपना ध्यान उधर से हटा नहीं पाया। उसकी शामें वहाँ रंगीन होनी शुरू हो गयी। शुरू में कुछ दिन तक रणवीर सिंह से यह बात छिपी रही, मगर एक दिन खुलनी थी, सो खुल गयी।

एक दिन देर रात को लहराते हुए वंशलोचन घर पहुँचा तो रणवीर सिंह उसका इंतजार कर रहे थे। उठा ली लाठी। लगे गरियाने और जैसे ही लाठी उस पर चलाने को हुए, उसने लाठी पकड़ ली। समय का चुनाव गलत था, उम्र का अन्दाजा लगाने में गलती हुई थी। रणवीर सिंह पर उलटा वार हो गया। वंशलोचन ने उनसे लाठी छीनी और दे मारी बाप को। न चाँ न चूँ। बैठ गये जमीन पर रणवीर सिंह। घर में कोई हलचल नहीं हुई। न बहू ने कुछ कहा, न पोते-पोतियों ने। सन्नाटा छाया रहा। जितनी लाठी की मार नहीं दुखी, उससे ज्यादा रणवीर सिंह को अपने बहू-बेटे और पोते-पोतियों के तिरस्कार की पीड़ा दिल में समा गयी। गये, चुपचाप बिस्तर पर लेट गये। मगर नींद कहाँ आनी थी। सुबह होने का इन्तजार करते रहे।

सुबह नहा-धोकर अपने बाप-दादों के बनाए गाँव के बाहर वाले मन्दिर पहुँचे। पूजा किया और वहीं डेरा जमा दिया। बस उस दिन के बाद से वहीं रहने लगे। गाँव अचरज से देखता रहा। तरह-तरह के कयास लगाये गये। मगर असल खबर किसी को पता न चल सकी। जो घर में घटा था, घर के भीतर ही दब गया। इस तरह सबने मान लिया कि रणवीर सिंह सधुआ गये हैं। मन्दिर के पास एक झोंपड़ी बन गयी। वहीं वे रहते, पकाते-खाते, सो जाते। दिन में गाँव के बूढ़े या फिर निठल्ले जुट जाते

तो मन्दिर के चबूतरे पर ज्ञान की बातें भी शुरू हो जातीं। फिर जल्दी ही कहानी घर-घर की। निन्दा-रस का झरता निर्झर। शाम को पूजा-पाठ के बाद चिलम का दौर। चिलमचियों का सुभाषित कि वह साधु ही क्या, जो बूटी का सेवन न करे। बूटी से पूजा की त्रुटी समाप्त हो जाती है, ध्यान लग जाता है, पूजा शुरू हो जाती है। आत्मा नृत्य करने लगती है, परम सत्ता के आनन्द में। रणवीर सिंह को सधुआने के बाद इस परम सत्य का ज्ञान हुआ था। बिसरा दिया परिवार से मिली चोट को। त्याग दिया मोह जमीन-जायदाद का। समझा लिया मन को कि अब जिन्दगी है ही कितने दिन की। आखिरकार भोगना तो बेटे-बहू को ही है यह सारा ऐश्वर्य। फिर काहे का हाँव-हाँव, काँव-काँव। लगाओ ध्यान परम सत्ता में, सुधारो अपना लोक-परलोक। इस तरह वे आनन्द में रमने लगे। रस आने लगा था इस नये रंग-ढंग में।

मगर दोनावाला समूह ने रासायनिक खाद बनाने के कारखाने के लिए जमीन की पैमाइश की तो एक बार फिर उन्हें माया के मोह में घसीट लिया गया। कारखाने में सबसे अधिक जमीन रणवीर सिंह की गयी थी। क्योंकि गाँव में सबसे ज्यादा पुश्तैनी जमीन उनकी थी। मुआवजे का हिसाब-किताब हुआ। करीब डेढ़ करोड़ रुपये मिलने का अनुमान लगाया गया। रणवीर सिंह का छोटा बेटा खुश। किस्मत चमक गई। तरह-तरह की योजनाएँ बना डालीं उसने। मगर रणवीर सिंह अन्याय नहीं चाहते थे। बड़े बेटे को खबर की। चंडीगढ़। वह आया। मुआवजे में उसका भी आधा हिस्सा तय हो गया। छोटा बेटा वंशलोचन कसमसाकर, खून का घूँट पीकर रह गया। कर भी क्या सकता था। बड़े का भले बरसों से घर से कोई नाता नहीं रह गया था, मगर कायदा तो कायदा होता है। उसका हिस्सा बनता था, सो उसे देना तो था ही।

इसी सिलसिले में कम्पनी के कारिन्दों ने सूचना दी थी कि जिस जमीन पर बैंगा मुसहर खेती करता है, वह भी तो रणवीर सिंह के नाम है। रणवीर सिंह जानते थे इस बात को। वंशलोचन को यह जानकारी नहीं थी। कम्पनी वालों ने समझाया कि बैंगा वह जमीन नहीं देना चाहता। और वह जमीन नहीं मिली तो कारखाने का सारा प्रोजेक्ट लटक जाएगा। जब तक सड़क नहीं बनेगी, कारखाने का काम आगे नहीं बढ़ पाएगा। आसानी से बात नहीं बनेगी तो बरगद वाली जमीन एक्वायर करने के लिए सरकार से स्पेशल परमीशन लेनी पड़ेगी। और जब इतनी सारी जमीन का सौदा आपसी रजामन्दी से हो गया तो फिर बीच के एक टुकड़े के लिए सरकार से परमीशन लें, बेकार में पुलिस बुलाकर उस पर सड़क बनवाएँ, अच्छा थोड़े लगेगा। ...जब जमीन उसके नाम है नहीं, फिर उससे बात ही क्या करनी।

कम्पनी का कारिन्दा वंशलोचन के कान में फुसफुसाया- हमने ऊपर बात कर ली है, उस जमीन का रेट कुछ ऊँचा करके देने का तय हो गया है। अपने बाबूजी से बात करके जमीन कम्पनी को दे दीजिए। बैंगा जाये भाड़ में। उससे अब क्या बात करनी।

उससे चर्चा भी मत कीजिएगा, नहीं तो क्या पता बेवजह कोई बखेड़ा करे। चुपचाप यह काम हो जाये तो अच्छा।

वंशलोचन ने पहले बनवारी सिंह को समझाया, फिर उनके साथ मन्दिर की कुटिया पर गया। बनवारी सिंह ने रणवीर सिंह को समझाने की कोशिश की, "भुतहा बरगद वाला खेत आपके ही नाम है। हम तो माने बैठे थे कि वह बैंगा के नाम होगा। जब सिकमी लगी थी और चरण सिंह ने वे सारे खेत उन लोगों के नाम कर दिये थे जो उन पर खेती कर रहे थे तब हमने मान लिया था कि भुतहा बरगद वाला खेत हो गया होगा बैंगा के नाम। मगर पता नहीं कैसे रह गया! खैर, अच्छा ही हुआ। कम्पनी वाले उसका ज्यादा पैसा दे रहे हैं। लिख दीजिएं कम्पनी के नाम। बैंगा को पता भी नहीं चलेगा...'

मगर रणवीर सिंह उखड़ गये, "ई पाप हमसे नहीं होगा। भले सरकार की गलती या लापरवाही से वह खेत बैंगा के नाम न हुआ हो, हम उससे खेत नहीं छीनेंगे। तीन पुश्तों से उसका खानदान हमारे यहाँ काम कर रहा है और उसी की एवज में वह खेत उसे दिया गया था।"

"अरे हरवाही के बदले न दिया गया था खेत। उसके नाम थोड़े कर दिया गया था। अब तो ऊ हरवाही भी नहीं करता। फिर कायदे से उससे खेत वापस ले लिया जाना चाहिए। इसमें पाप कहाँ से हुआ।" बनवारी सिंह ने समझाया।

"नहीं। मेरी आत्मा इस बात की गवाही नहीं देती। इतने सालों से उसका परिवार उस खेत पर गुजारा कर रहा है, उसे हम छीन नहीं सकते। कायदे से उस खेत पर उसी का अधिकार है। वह उसका जो चाहे करे। अगर सरकार की गलती से वह उसके नाम नहीं चढ़ा तो कोई बात नहीं, मैं खुद कचहरी जाकर उसके नाम लिख दूँगा।"

इतना सुनना था कि वंशलोचन तैश में आ गया, "मति मारी गयी है। ज्यादा धरमात्मा बन रहे हैं। सारी जिन्दगी कुकरम किया, जिसको-तिसको सताया, कितनों का हक मारा, तब आत्मा नहीं रायी। अब दानवीर बनने चले हैं। समझा दीजिए बनवारी चाचा, इनको। अगर वो जमीन कम्पनी को नहीं दी तो हम केस कर देंगे इनके खिलाफ। सड़ जाएँगे जेल में पड़े-पड़े। आखिर हमारा भी कोई हक बनता है उस जमीन पर।"

बेटे की फुफकार सुनकर रणवीर सिंह की भुजाएँ फड़क उठीं, मगर उस रात का दृश्य याद आया तो गुस्से को दबा गये चुप लगा गये।

वंशलोचन चला गया तो बनवारी सिंह समझाने-बुझाने में जुट गये। आखिरकार रणवीर सिंह ने बेटे के पक्ष में फैसला किया। अगले दिन जमीन कम्पनी की हो गयी। बैंगा को भनक तक नहीं मिली।

कम्पनी ने सड़क बनाने और फिर कारखाने के शिलान्यास की तारीख तय कर दी।

पहाड़ी के नीचे वाले खेतों में बहुत बड़ा पंडाल लगा था। सारे इलाके के गाँवों को दोपहर को भोजन पर बुलाया गया था। बड़े-बड़े अफसर और नेता आए थे। गाड़ियाँ ही गाड़ियाँ। चितकबरी वर्दी वाले कम्पनी के डंडा-बन्दूकधारी सुरक्षाकर्मी चारों ओर बिखर गये थे। जैसे पूरा मौंझरपुर छावनी बन गया हो। हालाँकि इस माहौल में दिन भर नाच-गाना, भाषण-भूषण चलता रहा। लोग खाते-पीते, नाचते-गाते रहे थे।

शिलान्यास के साथ ही वहाँ बड़े-बड़े ट्रक, क्रेन, तरह-तरह की मशीनें आनी शुरू हो गयी। पहले खेतों को समतल किया गया, फिर लोहे की चद्दरों से घेरकर मजबूत बाड़ बना दी गयी। बड़ा-सा जेनरेटर लगाकर दिन-रात बिजली का प्रबन्ध किया गया। अफसरों-कर्मचारियों के रहने के लिए टिन के घर बना दिये गये।

अब मौंझरपुर और आसपास के गाँवों के लोग दिन भर उधर घूमने-फिरने, कारखाने का कामकाज देखने जमा होने लगे। मगर लोहे की बाड़ के अन्दर किसी को जाने की इजाजत नहीं थी इसलिए बाहर-बाहर ही देखना होता। जिन लोगों को कारखाने में ईंट-गारे, खुदाई-कटाई का काम मिला था वही भीतर जा सकते थे।

इस बीच कारखाने की सड़क का काम भी शुरू हो गया। जिस दिन बैंगा और ललमुनिया को पुलिस पकड़कर ले गयी और इलाके के सारे मुसहर आन्दोलन करते जिला मुख्यालय पहुँचे थे उसी दिन रात को कम्पनी की मशीनों ने बैंगा के खेत का बरगद काट कर गिरा दिया था। वहाँ सड़क बनाने के लिए खुदाई शुरू हो गयी थी।

000

उधर जिला कारागार में बैठे बैंगा और ललमुनिया को इस बात की खबर ही नहीं थी कि उनके पीछे इतना बड़ा आन्दोलन छिड़ गया है। ललमुनिया गुमसुम बैठी रही तो बैंगा पर रह-रहकर यादों और गुस्से का हमला होता रहा। दो दिन से दोनों ने कुछ नहीं खाया था।

आधी रात को जब जेल में चारों तरफ सन्नाटा पसरा हुआ था, सारे कैदी सो गए थे। ललमुनिया अचानक चीख पड़ी, ''मुनिया रेऽऽऽ।''

जेल के खर्राटे थम गये, कान खड़े हुए फिर आँखें खुलीं और पीली वर्दी वाले पकिया दौड़ पड़े। क्या हुआ, क्या हुआ। देखा तो ललमुनिया रोयी जा रही थी। चीख रोकते-रोकते उसकी रुलाई हिचकी में बदल गयी थी। पकियों ने डाँटा, फिर समझाया। पीने को पानी दिया। महिला पुलिस आयी। बात की तो पता चला कि दो दिन से बच्ची को दूध न पिलाने की वजह से ललमुनिया की छातियों में दूध भर आया है। इसलिए उसे बच्ची की याद आ रही है। तत्काल जेल की दाई को बुलाया गया। ललमुनिया को अलग कमरे में ले जाकर उसने उसकी छातियों को निचोड़कर दूध निकाला। दर्द कम हुआ तब जाकर ललमुनिया कुछ संयमित हो पायी।

बैंगा बैरक के चबूतरे पर निश्चल बैठा रहा। ललमुनिया की चीख सुनकर उसका गुस्सा और बढ़ गया। फिर बड़बड़ाने लगा, "मिल जाय सार एक बार। हई गरदन काट द्यूँ।" फिर उस दिन का सारा दृश्य उसकी आँखों के सामने घूम गया, जब ऐंचा नौकरी के बाद पहली बार गाँव आया था। बच्ची होने के पूरे छह महीने बाद। लाल अटैची, काला बैग लिए, आँखों पर नजर का चश्मा चढ़ाए। पूरा साहब बन गया था। पूरी मुसहर बस्ती उसे देखने आयी थी। माछर ने सबको अगले दिन शाम को सुअर मांस की दावत का न्योता दिया था। माँगुर तो इतना उत्साहित था कि वह ऐंचा के आसपास ही मँडराता रहा। कोई ऐंचा से कुछ पूछता तो ऐंचा के बोलने से पहले ही वह जवाब देना शुरू कर देता। कई बातों पर तो वह लोगों को घुड़क कर चुप भी करा देता कि यह भी भला कोई इतने बड़े साहब से पूछने की बात है। वह पूरी बस्ती से ऐंचा के मुम्बई में रोब-रुतबे का बढ़-चढ़कर बखान किए जा रहा था।

मगर अगले दिन सुबह जब पूरी बस्ती बरगद बाबा को सुअरों की बलि देने की तैयारी कर रही थी, ऐंचा ने बैंगा के पास आकर कहा था, "अब ललमुनिया हमार मेहरारू ना रही। बच्ची भी हमार नयी एं।"

बैंगा सनाका खींच गया। बोला, "पागल हो ग्यो है का!"

"पूरा होस में कहत्यूं बाबू। देखो ओकरी बाँह पर गोदना।"

"का मतलब?"

"बलिया को नाम लिखाए एं।"

बैंगा चुप। इस बात पर किसी ने अब तक ध्यान ही नहीं दिया था। बस्ती में कोई पढ़ा-लिखा हो तो ध्यान भी दे। एक माँगुर पढ़ा-लिखा है, मगर हैरानी की बात कि उसकी नज़र भी उस पर नहीं गयी। बिरादरी में खुसुर-पुसुर शुरू हो गयी। बुलाया गया माँगुर को। उसने पढ़कर बताया। सचमुच ललमुनिया की बाँह पर बलिया के नाम का गोदना था।

बस, बैठ गयी पंचायत। लाल कपड़े में लिपटी कुलदेवता की पिंडी रख दी गयी बीच में। बाबा बरगद वाले को सुअरों की बलि की तैयारी रुक गयी। बलिया को बुलाया गया। बैंगा गरजा, "बता, सच का एं।"

"बाबा किरिया बाबू, हमार नजर गलत ना एं। ललमुनिया हमार भौजाई एं। ऊ दिन मेला में गोदना वाला ने गलती से लिख द्या होगो।... ऐंचा के साथ दगा हम ना कर सकत्यों।" बलिया ने कुल देवता की पिंडी पर हाथ रखकर कहा। वह थर-थर काँप रहा था।

ललमुनिया को बुलाया गया। बैंगा ने कहा, "तूँ बता, सच का एं।"

ललमुनिया की आँखों के सामने संक्रान्ति मेले का वह दृश्य घूम गया। वह बलिया के साथ मेला देखने गयी थी। गोदना वाला दिख गया तो उसने गोदना गुदवाने

की जिद की। बलिया मान गया था। भीड़ बहुत थी। जब ललमुनिया की बारी आयी और गोदना वाले के पास बैठी तो फूल-पत्ती बनाते हुए गोदना वाले ने पास खड़े बलिया से पूछा था, "नाम का है तोहार।" बलिया ने अपना नाम बता दिया था। क्या पता था, वही नाम वह ललमुनिया की बाँह पर गोद देगा। सुन्दर फूल-पत्तों के बीच बलिया का नाम! दोनों में से किसी की अकिल ने साथ नहीं दिया कि गोदना वाला बलिया से उसका नाम इसलिए पूछ रहा है कि वह उसे ललमुनिया का पति समझ रहा है। बस, उस एक भूल ने इतना बड़ा बखेड़ा खड़ा कर दिया।... ललमुनिया ने वह बात पंचायत को बता दी।

मगर ऐंचा उसे मानने को तैयार नहीं था। वह तैश में बोला, "झूठ बोलतएं दोनों।"

"ई झूठ ना बोलतएं, तोर नीयत बदल ग्यो एं। कुलदेवता की पिंडी पर हाथ रख के बिरादरी की पंचाइत में कोई झूठ ना बोलतएं। जो बिरादरी के सामने झूठ बोलतएं, अब तक जीभ कट के गिर जातईं। ललमुनिया मेहरारू तो तुमरी ई एं। ले जानो होगो साथ अपने तूम को।" बैंगा ने फैसला सुनाया था।

"ई हमसे ना होगो बाबू।" ऐंचा ने भी अपना फैसला सुना दिया था।

बस बैंगा ने दे मारी थी लाठी ऐंचा के सिर पर। भलभल खून। नहा गया था ऐंचा खून से। बिरादरी के लोगों ने बैंगा को पकड़कर शान्त किया था। ऐंचा के सिर पर कपड़ा बाँधकर खून रोकने का उपाय किया था।

मगर ऐंचा नहीं रुका था। चला गया था वहाँ से। जाकर थाने में रपट लिखा दी और यह कांड हो गया।

000

अगले दिन सुबह जिलाधिकारी ने धरने पर बैठे मुसहरों का साथ दे रहे स्थानीय दलित नेता और एनजीओ कार्यकर्ता को अपने घर की बैठक में बुलाया था। उनके साथ चाय पीते हुए वह उनसे पता नहीं क्या बातें करता रहा। आधे घंटे से ऊपर बातचीत चली थी।

दोपहर होते-होते स्थानीय दलित नेता जिला अदालत से बैंगा और ललमुनिया की जमानत का आदेश ले आया। फिर दोनों को रिहा कर दिया गया।

जिलाधिकारी ने घोषणा की—"मुख्यमन्त्री इस घटना से बहुत दुखी हैं। उन्होंने मृतकों के घर वालों को पच्चीस-पच्चीस हजार रुपये देने का वादा किया है। गोलीकांड की जांच के आदेश दे दिए गए हैं। दोषी पाए जाने वाले पुलिसकर्मियों को कड़ा दंड दिया जाएगा। इसके अलावा मुख्यमन्त्री ने यह भी सन्देश भेजा है कि चूँकि मुसहर समुदाय के लोगों को चूहे विशेष रूप से पसन्द हैं, इसलिए मौंझरपुर में खास तरह के चूहे पालने का एक केन्द्र स्थापित किया जाएगा।"

जिस स्थानीय नेता ने बैंगा और ललमुनिया की जमानत करायी थी उसने आन्दोलनकारियों को समझाया-बुझाया। इस तरह धरना समाप्त हो गया।

जेल से निकलकर बैंगा को आन्दोलन और फिर उसमें गोली से दो लोगों के मारे जाने की खबर मिली तो वह माथा पकड़कर बैठ गया। ललमुनिया को पता चला कि मरने वालों में उसका भाई माँगुर भी है तो वह दहाड़ें मारकर गिर पड़ी।

खैर, जैसे-तैसे दोनों को समझा-बुझा, ढाँढस बँधाकर गाँव चलने को तैयार किया गया।

मुसहर दोनों लाशें उठाए मौंझरपुर की ओर लौट चले। साथ में स्थानीय दलित नेता और एनजीओ कार्यकर्ता भी चले।

गाँव लौटते-लौटते अँधेरा घिरने लगा था। दूर से ही बैंगा की नजर बरगद वाले बाबा की ओर लगी थी। वह मन ही मन मनाए जा रहा था, "बाबा, आपकी पूजा में खलल पड़ा एं। भखौती पूरी ना कर पातएं हम। किरपा करो महराज। बहुत बड़ा अनरथ हो ग्यो। जिस ऐंचा को आपने असीरबाद देके साहेब बनाया, वही नालायक निकला। मती बदलो महराज ओके। बुद्धी दो ओके महराज। ओकी नादानी के चलते दू जवान मर गएं महराज। ई अनरथ रोको महराज।..."

मगर कुछ नजदीक पहुँचने पर बैंगा ने देखा- बरगद खेत में नहीं है। सफाचट मैदान। पूरी भीड़ ने भी वही देखा। खुसुरफुसुर शुरू। फिर किसी ने बताया–"कंपनी ने काट दिया बरगद। बरगद बाबा की बेदी उठा के रख दी है दूसरी जगह। यह कांड उसी दिन रात को हो गया जब थाने का घेराव हो रहा था। अब तो वहाँ गड्ढा खोद के सड़क की बजरी भी डाल दी गयी है। वह जमीन रणवीर सिंह के नाम थी। उन्होंने चुपचाप उसे कम्पनी के नाम कर दी थी। बैंगा बाबा का उस पर कोई हक था ही नहीं।..."

बैंगा ने सुना तो घोड़े की तरह बरगद वाले बाबा की तरफ भागा। उसके पीछे-पीछे भीड़ भागी। बैंगा खेत में पहुँचा और कटा हुआ बरगद देखकर जैसे पागल हो गया। खुदी हुई जमीन की मिट्टी उठाकर अपने ऊपर फेंकने लगा, "कौन किया एं। नास कारैंगे बाबा ओकर।... अनरथ पर अनरथ।... बाबा, तोके काट दिएं पापी आ तूम कुछ ना कर पात्यों। ताकत कहाँ गयी तुमरी। कट जान दिएं अपने कों। बेदी उखाड़ देतएं पापिन ने। आ तूं चुप लगाए रएं।... ठीक ना हुआ एं।" वह बड़बड़ाए जा रहा था।

स्थानीय दलित नेता ने बैंगा को पकड़ा। समझाया-बुझाया, 'पहले लासन को फूंको-तापो। फिर कम्पनी से निपटेंगे।" बैंगा छाती पीट-पीटकर रोता, कम्पनी वालों को शाप देता रहा।

बैंगा की यह हालत देखी तो मुसहर समुदाय एक बार फिर बौखला उठा। किसी ने ललकारा, "लगा दो आग कम्पनी को।" बस क्या था, हूह बाँधे भीड़ बढ़ चली कम्पनी

के कैम्प ऑफिस की तरफ। मारो, फूँको, उजाड़ दो की ललकार लगाती हुई। उधर कम्पनी के सुरक्षाकर्मियों ने बन्दूकें उठा लीं। फटाफट पोजीशन लेने लगे। स्थानीय दलित नेता और एनजीओ कार्यकर्ता ने आगे बढ़कर उन्हें रोकने की कोशिश की। मगर बड़ी जद्दोजहद। कोई मानने को तैयार नहीं। बड़ी मुश्किल से उन्हें रोका जा सका।

स्थानीय दलित नेता ने भीड़ को समझाया, ''जब जमीन बैंगा के नाम थी ही नहीं, तो किस बात के लिए कम्पनी को आग लगाने पर तुले हो। क्या गलती है इसमें कम्पनी की। कम्पनी ने वह जमीन खरीद ली है। बेवकूफी मत करो। सारी मुसहर बस्ती जेल चली जाएगी, कानून का मामला है। इसे अदालत में ले जाएँगे हम। इस तरह गलत जगह हल्ला बोलने से कोई फायदा नहीं। मार-पीट से कुछ हासिल नहीं होगा। रणवीर सिंह के खिलाफ मुकदमा करेंगे हम।... अभी तो लाशों को फूँको-तापो, फिर आगे की कार्रवाई उसके बाद करेंगे। भरोसा करो हम पर।''

भीड़ में खुसुर-फुसुर हुई—ठीक बात है। भरोसा करने में बुराई नहीं। पढ़े-लिखे लोग हैं। जैसा कहते हैं, करके देखते हैं।

लाशें मुसहर बस्ती पहुँचीं तो जैसा कि होना था, समवेत स्वर में रोना-धोना शुरू हो गया। रात को मुर्दा जलाने का रिवाज न होने के कारण लाशें रख दी गयी। रात भर रह-रहकर रोना-धोना चलता रहा। सुबह हुई तो चिताएँ सजायी गयीं।

बैंगा की आँखें जैसे पथरा गयी थीं। वह चिताओं को जलते हुए एकटक देख रहा था।

दोपहर तक चिताएं जलकर समाप्त हुईं तो लोग वापस बस्ती में लौट आये। घर पहुँचकर बैंगा ने जोर-जोर से बोलना शुरू कर दिया, ''ललमुनिया बलिया के घर बैठेगी।... हम ई गाँव छोड़ दूएंगे। नहीं रहोंगो अब ई गाँव माँ।... किरिया है सब मुसहर बिरादरी को, अब अउर मार-काट नईं। कम्पनी के कारिंदा सब को कोई हाथ नहीं लगांगो। रणवीर सिंह को भी कोई कुछ नहीं कहांगो।... देवता का कोप एं ई। रूठ गएं एं देवता। देवता अपने घर गएं।... जब देवता नाराज होत्एं तो सबसे पहिले आपन अस्थान खतम करत्एं। सब तहस-नहस कर देत्एं।... अब देवता ना लौटिएं। पापिन को राज होत्यों ई गाँव माँ। नास होगो, महानास। ई गाँव माँ अब हम ना रहोंगो। देवता ग्यो, अब हम भी जांगो।...''

और बैंगा झोंपड़ी में गया। लाठी और गठरी उठायी, अपनी मेहरारू का हाथ पकड़ा और बाहर निकल आया। हाथ जोड़कर सबसे विदा माँगी और चल पड़ा। बलिया और ललमुनिया भी उसके पीछे-पीछे चल पड़े।

पूरी मुसहर बस्ती उन्हें जाते देखती रही। किसी ने भी उन्हें रोकने की कोशिश नहीं की। बस खुसुरफुसुर चलती रही।

000

मंडन मिसिर की खुरपी

मंडन मिसिर की खुरपी कहीं खो गयी है। वे सुबह से उसे ढूँढ़ रहे हैं। देखते-देखते पूरे गाँव में चर्चा है। हर कोई दूसरे से पूछ रहा है, देखी क्या मिसिर महराज की खुरपी कहीं। कोई अपने बेटे से पूछ रहा है, कोई अपनी बीवी से। दो-एक लोग मिसिर महराज के घर-आँगन का कोना-अंतरा भी देख आये हैं। खुरपी कहीं नहीं है।

किसी ने कहा, ''अरे भुलक्कड़ हो गये हैं मिसिर महराज। परसों नहाये और धोती नल पर छोड़ आये। कल घर में ढूँढ़ रहे थे। कोई जाके खेत में देखो। कल शाम को वहीं तो नहीं छोड़ आये खुरपी।'' सुना तो जोगिन्दर का छोटा बेटा भागा-भागा खेत में गया। पीछे-पीछे दो-तीन बच्चे और गये। छान मारा सारा खेत, मगर खुरपी कहीं नहीं मिली।

मंडन मिसिर बड़बड़ाये जा रहे हैं, ''अरे आलू की खेत में मोथा बहुत उग आया है। सोहाई नहीं होगी तो बइठबे नहीं करेगा। सारी मेहनत बरबाद चली जाएगी। आलू को चाहिए भुरभुर माटी, खर-पतवार से खाली।... मगर पता नहीं, ससुरी खुरपिया कहाँ चली गयी। कल संझा को सोहाई करके लाये थे।... खाने-पीने की चीज तो है नहीं कि कौनो कुकुर-बिलार उठा ले जाएगा।...''

किसी ने कहा, ''यहीं कहीं होगी, मिल जाएगी। तब तक हमरी खुरपी से सोहाई कर लीजिए।''

मगर मंडन मिसिर उखड़ गये, "तुम हो बुड़बक। का हो?"

लोग जानते हैं कि यह मिसिर महराज का तकिया कलाम है। जब भी उन्हें किसी की बात का खंडन या अपनी बात का मंडन करना होता है, वे यह तकियाकलाम जरूर बोलते हैं। जब तक उनके इस तकिया कलाम का जवाब न दो, वे आगे नहीं बढ़ेंगे। जैसे नाटकों में फ्रिज अवस्था होती है, बातचीत अपनी जगह ठहरी रहेगी। जवाब भी सबको रटा हुआ है। जवाब तय है। इसलिए किसी दूसरे ने जवाब दिया, "बुड़बक।"

''हाँ, ऊ खुरपी हाथ लगी थी मेरे। हर चीज का अभ्यास होता है। आदत पड़ जाती है। जिसकी आदत न हो, उस औजार से काम करना मुश्किल होता है। कभी

किसी तबलची को दूसरे तबलची का तबला बजाते देखे हो? नहीं न!... दूसरी खुरपी कैसे चलाऊँगा?... बड़े मन से बनवाकर लाया था लल्लन लोहार से।..." वे बड़बड़ाते हुए फिर से घर में घुस गये थे, ढूँढ़ने।

भीड़ धीरे-धीरे छँटनी शुरू हो गयी। मगर फुसफुस जारी रही। उधर मंडन मिसिर अपनी खुरपी ढूँढ़ने गए और इधर गाँव अपनी गलचउरन में मशगूल हो गया।

गलचउरन शुरू हुई तो उसका अन्त भला कहाँ होना था। तरह-तरह की बातें, तरह-तरह के विचार। कुछ लोग फुसफुस करते बतिया रहे थे, "अब नहीं जीएँगे ज्यादा दिन। सनक गए हैं। दिमाग साथ नहीं दे रहा मिसिर महराज का। अब तो इनको यह भी याद नहीं रहता कि खाना खाया है कि नहीं। बस, कोई-कोई इस्लोक जपते रहते हैं। नहाने जाते हैं तो घंटा भर नहाते रहते हैं। मन्दिर में पूजा करने बैठे तो दोपहर ढलने तक बैठे रहते हैं। चूल्हा पर खिचड़ी बइठा के भूल जाते हैं। जलने की महक आती है तो भागते हैं उतारने। कभी जली खाते हैं, कभी कच्ची-पनछुछुर उतार के खाने बैठ जाते हैं। अब पहिले जैसी खुराक भी नहीं रही। जजमनिका में जाते हैं, मुट्ठी भर भात चाहे दो पूड़ी खा के उठ जाते हैं।... खेत में पौधों से पता नहीं क्या-क्या बतियाते रहते हैं। न किसी के घर जाना है, न किसी के पास उठना-बैठना। पहिले चट्टी पर जाते थे, चार-छह लोगों से मिलना-जुलना, बोलना-बतियाना होता था तो मन फरफर रहता था। अब ऊ सब भी छूट गया। जिनिगी भर खेत में खर नहीं उठाये, अब दिन भर मोथा उखाड़ते रहते हैं।... सदमा लगा है कौनो।"

"कौनो का, औलाद का सदमा है। सब खेती-बारी बेच के दे दिये बेटा को। मगर बेटा अपना न हो के बहू की सुनता है। मिसिर महराज दुनिया भर में ज्ञान बघारते रहे, मगर हार गये अपनों से।"

"ऊ कहावत है न, मोर अपने पंख पर चाहे जितना घमंड कर ले, औकात समझ आती है अपने पाँव देख के। वही मिसिर महराज के साथ हुआ है। कमाए इज्जत दुनिया भर में, मगर बेइज्जत हुए अपने घर में।"

"जो हो भइया, ई दशा उनकी देखी नहीं जाती। बिदवान आदमी हैं। आफत-बिपत किस पर नहीं आती। मगर आदमीयत इसी में है कि दुख-तकलीफ में एक-दूसरे के काम आओ।... खबर करनी चाहिए मिसिर महराज की बेटियों को। बेटा-बहू मानें न मानें, बेटियाँ जरूर भागी आएँगी बाप को सँभालने।"

'का कह सकते हैं भइया। जमाना बहुत खराब है। आदमी जिनिगी भर बेटे को पाल-पोस के बड़ा करता है इस उम्मीद में कि ऊ बड़ा होके उसके बुढ़ापे का सहारा बनेगा। इसी घमंड में बेटियों को कमतर मान बैठता है।... फिर, शादी के बाद बेटियों का घर-परिवार है, वे उनसे बन्धी हैं। वे आएँगी कि नहीं, कौन कह सकता है।

सास-ससुर-मनसेधू सबका मुँह जोहना पड़ता है।... जब बेटा साथ नहीं दे रहा तो बेटियों का का भरोसा।''

इस तरह बातों का सिलसिला चलता रहा।

मंडन मिसिर अपनी खुरपी ढूँढ़ रहे थे।

000

जिन्होंने चार महीने पहले मंडन मिसिर को देखा होगा उन्हें आज उनकी दशा देख के हैरानी होगी। धीर-गम्भीर। बात-बात पर शास्त्र-पुराण के किस्से। किसी पुराण का श्लोक और मानस की चौपाई। लक-दक धोती। घुटने से नीचे तक कुर्ता और गले में चौड़ी पट्टी का गमछा। माथे पर चन्दन का गाढ़ा तिलक। बेवजह उन्हें किसी ने हँसते, ही-ही करते नहीं देखा। इसका मतलब यह नहीं कि वे हँसते या किसी बात पर विगलित नहीं होते थे। कब कोई श्लोक सुनाते-सुनाते, कोई बात कहते-कहते हँस दें, पता नहीं। लोग हैरान कि इसमें हँसने की कौन-सी बात थी। मगर किसी बात पर जब लोग ठट्ठा मार के हँस रहे हों, मंडन मिसिर गम्भीर हुए दिखते थे। लोग हैरान कि उन्हें हंसी क्यों नहीं आयी। इसी तरह कोई बात कहते-कहते या कोई चौपाई सुनाते-सुनाते कब उनकी आँखें भर आयें, पता नहीं। लोग हैरान कि इसमें रोने की क्या बात थी। मगर लोगों की हैरानी की क्या परवाह। मंडन मिसिर को किस बात पर हँसना चाहिए, किस बात पर नहीं, यह उनका व्यक्तिगत मामला है। वे दूसरों के लिए क्यों हँसें या दूसरों की हँसी में अपनी हँसी क्यों मिलाये। जरूरी नहीं कि जब वे हँसें तो दूसरे भी हँसें। वे रोये तो दूसरे भी रोने लगें।

उनके इस मिजाज के चलते कुछ लोग उन्हें सनकी समझते थे। कुछ तो यहां तक कह देते कि बाप पर गये हैं। मगर मंडन मिसिर को इसकी भी क्यों परवाह होने लगी।

मगर इन सबके बावजूद एक बात सच थी कि पूरे इलाके में उनका बहुत सम्मान था। सुबह-शाम चट्टी पर घंटा-दो घंटा दुब्बर साव की दुकान पर बैठना, अखबार पढ़ना और गाँव-गिराँव, देश-विदेश, जीवन-जगत् के बारे में चर्चा करना उनका शगल होता था। किसी भी विषय पर लोग उनकी बातें बड़े ध्यान और रुचि के साथ सुनते-गुनते थे। किसी के घर में कोई रगड़ा-झगड़ा हो, वेद-पुराण की बातों से समझा-बुझाकर शान्त कर देते। पैसा, परिवार, बहू-बेटे, कैसी भी उलझन लेकर कोई मंडन मिसिर के पास बैठता, वे उसका हल निकाल देते। ज्योतिष और कर्मकांड के विद्वान। भाषा और बातें इतनी साफ, आवाज इतनी बुलन्द कि एक बार किसी के कान में उनकी आवाज पड़ जाये तो वह पूरी बात सुने बिना हटता नहीं था।

मगर कभी पैसे के लिए न तो किसी की कुंडली देखी, न बनायी। किसी के घर दक्षिणा के लोभ में पूजा-पाठ कराने नहीं गये। क्या मजाल कि किसी श्लोक का गलत उच्चारण उनके मुँह से निकल जाये। किसी पूजा विधि में कोई त्रुटि रह जाये। हर

कोई चाहता कि उनके घर का पूजा-पाठ मंडन मिसिर कराये। शादी-विवाह के दिनों में उन्हें अपने यहाँ बुलाने के लिए छीना-झपटी जैसी स्थिति होती। हर कोई चाहता कि उसके बेटे-बेटी का विवाह मंडन मिसिर ही कराये। मगर वे जाते अपनी मरजी से। अगर कभी किसी ने गलती से भी दक्षिणा के बारे में पूछ लिया तो उसकी खैर नहीं। वे उसके यहाँ जाते ही नहीं। इसलिए विदाई के समय लोग चुपके से, अपनी श्रद्धा और क्षमतानुसार उनके झोले में पूड़ी-मिठाई के साथ कपड़े-लत्ते, रुपया-पैसा वगैरह रख दिया करते।

मंडन मिसिर को यजमानी विरासत में मिली थी। उनके दादा अगनू मिसिर जाने-माने ज्योतिषी और कर्मकांडी थे। कोई-कोई तो पुराने लोगों से सुने के आधार पर अब भी कहता है कि मंडन मिसिर के दादा जितना बड़ा ज्योतिषी आज तक नहीं हुआ। वे जो भविष्यवाणी कर देते वह विधाता की खिंची रेख होती। अटल, अमिट। उनका कहा होकर ही रहता।

हालाँकि तब अंगरेजी राज का जमाना था। राजे-रजवाड़ों के तम्बू उखड़ गये थे। मगर राजाओं की शान खतम नहीं हुई थी। जैसे आजादी के इतने साल बाद भी कहीं-कहीं राजाओं के वारिस पुरानी अकड़ और शान से जीते हैं, उसी तरह इस इलाके का राजा था। बड़ी शान-शौकत वाला। खुश हो तो पूरा राज लुटा दे, नाराज हो तो खाल खींच ले। एक बार अगनू मिसिर ने उसके बारे में कोई भविष्यवाणी कर दी थी। वह सही निकली। तबसे राजा उनका ऐसा भक्त हुआ कि उनसे पूछे बगैर कोई काम ही नहीं करता। शादी-विवाह, मुंडन-नकछेदन, तीरथ-बरत, तीज-त्योहार कोई मौका हो, अगनू मिसिर का उसके यहाँ होना जरूरी था। वह अगनू मिसिर से इतना खुश हुआ कि एक सौ एक बीघा खेत उनके नाम कर दिया। यह जो महल जैसा घर है न मंडन मिसिर का, वह अगनू मिसिर को राजा ने ही बनवा के दिया था।

अगनू मिसिर ने मंडन मिसिर के बाप अगस्त मिसिर को भी कम नहीं पढ़ाया-सिखाया, मगर जिसका जितना खप्पर उसको उतना दान। स्वभाव से क्रोधी और झक्की थे अगस्त मिसिर। बात-बात पर शाप देने की धमकी देते। यजमानी उनके बस की थी नहीं। लोग भी उनसे दूर ही रहने में भला समझते। पता नहीं क्या रोग हुआ कि चल बसे भरी जवानी में। मंडन मिसिर आठ महीने के थे। बाप की तो उनको याद भी नहीं। फिर अगनू मिसिर ने मंडन मिसिर को पढ़ा-लिखा के तैयार किया। बनारस भेजा पढ़ने। पढ़-लिख तो ठीक गये, मगर निकले अफलातून। अपनी रौ में रहने वाले। विद्या तो खूब पायी, मगर दुनिया का व्यवहार कतई नहीं सीख पाये। खेती-बारी में रुचि नहीं, पैसा-कौड़ी की चिन्ता नहीं। बस कपड़ा-लत्ता फिट-फाट रहे, भोजन मिलता रहे। दिन भर किताबें पढ़ना, चट्टी पर बैठ के बातें करना, यही उन्हें भाता था। दुनिया कहाँ जा रही है, क्या कर रही है, उससे कोई मतलब नहीं। दादा की कमाई सम्पत्ति थी, ठाठ से जिन्दगी कटती रही। ज्यादा हाँव-हाँव पट-पट की

जरूरत नहीं थी।

मगर अगनू मिसिर गुजरे तो यजमानी का बोझ इनके सिर पर आ गया। निभाते रहे जैसे-तैसे। अपने ढंग से। सारा खेत बँटाई पर देने लगे। जो जितना दे देता, उसी में खुश। कभी किसी से पैसा-अनाज के लिए ठकठेनी नहीं की। इस स्वभाव के चलते लोग ठगते भी खूब थे उनको। कोई बहाना करता कि फसल जंगली जनावर खा गये, कोई कहता समय से सिंचाई न होने के कारण पैदावार ठीक नहीं हुई, कोई बाढ़ में बह जाने का तर्क देता तो कोई सूखे में सूख जाने का। इस तरह जिसकी जितनी इच्छा होती बँटाई का अनाज उन्हें दे जाता था। उन्होंने कभी किसी को डाँटा-फटकारा नहीं। जो जितना दिया, उसी में खुश। मगर इस तरह भी उनके पास इतना अनाज जमा हो जाता कि गेहूँ, धान, चना, चावल बेच के खुशहाल रहते। दो प्राणी का खर्चा ही कितना था। बेटे की पढ़ाई-लिखाई भी उसी से चलती रही।

इनकी तीन बेटियाँ, एक बेटा हुआ। बेटा सबसे छोटा। बेटियों की शादियाँ खूब देखभाल के बड़े घरों में की। हर बेटी की शादी में खेत बेंचे, खूब खर्चा किया। दान-दहेज में कोई कमी नहीं की। कोई टोकता तो कहते, ''का करेंगे ई खेत-बारी सहेज के। बेटियों के हिस्से का बेच के उनको दे रहा हूँ। बेटे के हिस्से का रखूँगा। और अपने को क्या, बामन को धन केवल भिच्छा।'' और हँस देते। गाँव से भाग के कोलियरी में कुलीगीरी करने, दिल्ली-मुम्बई में रेहड़ी-पटरी पर भाजी-तरकारी बेचने गये और पैसा बचा के लौटे तमाम जातियों के लोग मंडन मिसिर का खेत खरीद के खेतिहर बन गये। गाँव-जवार में जैसे ही किसी के पास कुछ पैसा होता, मंडन मिसिर से खेत खरीदता।

बेटे को कभी ज्योतिष-कर्मकांड पढ़ाने की नहीं सोची। जो पढ़ना चाहता था, वही पढ़ने दिया। वह निकला भी होनहार। बंगलोर से इंजीनियरिंग की और वहीं नौकरी पर लग गया। उसकी माँ गुजर गयी बेचारी उसकी शादी से पहले ही। देख नहीं पायी बहू का मुँह। मंडन मिसिर अकेले पड़ गये। सोचा, बेटे की शादी कर दें। लोगों ने समझाया कि ऐसी बहू लाएँ जो गाँव में रहके उनकी सेवा करे। मगर उनका तर्क था कि अपने सुख के लिए बेटे को दुख क्यों। अब अपनी जिन्दगी है ही कितने दिन की। बहुत देखभाल के एक इंजीनियर की बेटी से रिश्ता तय किया था। दान-दहेज कुछ नहीं लिया। सवा रुपये से तिलक कराया था बेटे का। लड़की पढ़ी-लिखी थी। स्कूल में पढ़ाती थी। मंडन मिसिर ने कहा, कन्या तो खुद सोना होती है, उसे घर लाने के लिए दान-दहेज क्यों। बेटियों की शादी की तो तर्क अलग, बेटे की की तो अलग।

बेटे की शादी के बाद लोगों ने समझाया कि वे बेटे-बहू के साथ बंगलोर चले जायें। इस तरह इस उमर में अकेले रहना ठीक नहीं। मगर मंडन मिसिर कहते- नया जमाना है, नये जमाने की अपनी तकलीफें हैं। बेटा-बहू दोनों नौकरी करते हैं। उनकी अपनी व्यस्तताएँ हैं। बड़े शहर की समस्याएँ अलग हैं। उनके साथ रहने का मतलब

है उन पर बोझ बनना। फिर, मेरा भी मन वहाँ जाकर कहाँ लग पाएगा। यहाँ तो चार लोगों के बीच बैठ के बोल-बतिया लेता हूं। वहाँ घर में बैठे-बैठे दिन भर सड़ता रहूंगा। यहां पुश्तैनी मकान है, कुछ खेती-बारी है, यहीं रहूँगा। लोग उनका तर्क सुनकर चुप रह जाते।

"मगर अब तो खेती-बारी भी कहाँ रह गई। बेटियों की शादी के बाद पैंतालीस बीघे खेत बचे थे। उनमें से पाँच बीघे रखकर सारा बेंच कर पैसा बेटे-बहू को दे दिया।"

कोई कहता, "मिसिर महराज खुद नहीं जा रहे बंगलोर तो बेटे-बहू ही जिद करके, जबरदस्ती उन्हें ले जाते। ये यहाँ खुद खिचड़ी बनाते-खाते हैं, अच्छा थोड़े न लगता है। इस उमर में आदमी को ज्यादा देखभाल की जरूरत होती है। मगर हैरानी की बात है कि बेटे-बहू को इनकी फिकर नहीं। दो महीना पहले बेटा आया था। खेत बेचने से मिले पैसे लेके चला गया। एक बार भी नहीं कहा कि पिताजी आप हमारे साथ चलिए।..."

"इसी सदमा से तो सनक गये हैं मिसिर महराज।"

"अरे नहीं, सनक तो पहिले ही गये थे। लबेद बतियाने लगे थे।..."

"अरे नहीं!"

"अरे हाँ!"

"कइसे?"

"हम खुद सुने हैं।"

"का?"

"देखो, राजबली यादव को तो जानते हो। उसका दामाद मर गया पिछले साल सीमा पर लड़ते हुए। गौना हुए दो ही महीने हुए थे। राजबली बेटी की चिन्ता लेके बैठे थे मिसिर महराज के पास चट्टी पर। हम भी वहीं थे। मिसिर महराज समझा रहे थे राजबली को कि बेटी की दूसरी शादी कर दो।"

"आँय!"

"हाँ! पता नहीं कौन-कौन इस्लोक पढ़ के सुना रहे थे। कह रहे थे कि बेटी तो सोना होती है। उसकी कोई औलाद नहीं है। कर दो शादी कहीं। इस तरह जवानी में बिधवा रखना पाप है किसी लड़की को।... बताओ ई लबेद हुआ कि नहीं!"

गाँव में फुसफुस चलती रही। तरह-तरह के अनुभव। तरह-तरह की बातें।

उधर मंडन मिसिर खुरपी ढूँढ़ रहे थे। पूरा बिस्तर उलट-पलट डाला। पोथी-पतरा, ठाकुर जी की पिंडी तक उलट-पलट के देख लिया। मगर खुरपी नहीं मिली। मिसिर महराज बड़बड़ाये जा रहे थे।

000

गाँव फुसफुस करता सो गया था। मगर जो फाँस मिसिर महराज के मन में फँसी थी, उसकी कसक वही जानते थे।

गये थे पाँच महीना पहले बंगलोर। बेटे के पास। पहिलौठी बेटी हुई थी उसकी। शादी के दो साल बाद। उसी को देखने गये थे मिसिर महराज। खूब सारा भेंट-उपहार ले के। पोती का मुँह देख के बड़े निहाल हुए थे। मगर तभी बहू का असली रूप भी देखा।

दो दिन हुए थे उन्हें वहाँ गये। पोती को गोद में लिए दिन भर खेलते-पुचकारते रहते थे। उसी में तीसरे दिन बहू छेड़ बैठी बात जमीन-जायदाद की, "देखो पिताजी, हम दोनों नौकरी करते हैं। लोगों को लगता है कि खूब मौज में रहते हैं। मगर असलियत तो हमी जानते हैं। दोनों की तनखाह मिला के मुश्किल से खर्चा चल पाता है घर का। दो साल हो गये शादी के। इतनी बचत नहीं हो पायी है कि एक गाड़ी भी खरीद सकें। किराए के घर में रह रहे हैं। पैसा नहीं है कि कहीं अपना घर बुक करा सकें। बुकिंग के लिए घर की कीमत का कम से कम पन्द्रह परसेंट देना पड़ता है। वह भी देने भर का पैसा नहीं है। मैंने तो इनसे कहा कि पिताजी से माँग लो। गाँव में कुछ खेत बेच दो। मगर ये हैं कि सुनते ही नहीं। आदर्श बघारते हैं।..."

"अरे ई बहुत मुँहदुब्बर है। बचपन से आज तक कुछ नहीं माँगा मुझसे। संकोच करता है।... गाँव की सारी खेत-बारी तुम्हीं लोगों की तो है बेटा। घर बनवाना है तो बनवाओ। हम जानते हैं कि तुम अब गाँव में तो रहोगे नहीं। जहां सुविधा हो रहो।... गाँव जाते ही पैसों का इन्तजाम कर दूँगा। कितने पैसों की जरूरत है?" मिसिर महराज ने बहू को समझाया था।

"पिता जी, चालीस-पचास लाख से नीचे में तो यहाँ घर कोई मिलता नहीं। इसके लिए पन्द्रह परसेंट पैसा भर भी दें तो बीस साल तक पैंतीस-चालीस हजार रुपये महीने की किश्त भरनी पड़ती है। तब कहीं जाकर घर अपना होता है। मगर आगे तो खर्चे और बढ़ने हैं। बच्चों की पढ़ाई-लिखाई, दूसरे खर्चे। सिर्फ घर की किश्त चुकाते रहेंगे तो खाएँगे क्या। फिर इतने साल किसने जिन्दगी देखी है। भगवान न करे, बीच में कुछ हो-हवा गया तो घर बैंक का। बच्चे सड़क पर दिन गुजारेंगे। इसलिए मैं कहती हूं, जो करना है, एकमुश्त करो। बाद की झंझट क्यों रखनी।..."

इतना सुनना था कि बेटा बीच में कूद पड़ा, "पिताजी, समझदारी इसमें नहीं कि खर्चे के मुताबिक कमाई बढ़ाने की सोचें। समझदार वही है जो कमाई के मुताबिक खर्चे को सन्तुलित बनाने की सोचे।... आज खेत बेच के घर और गाड़ी खरीद लेंगे। फिर कल का क्या!... गाँव की सम्पत्ति हमने तो जुटायी नहीं। कई पीढ़ियों से चली आ रही है। उसे बचा के रखेंगे तो आगे कभी जिन्दगी में परेशानी आएगी, वही तो सहारा बनेगी। उसे अभी खत्म कर देने का मतलब है अपना हाथ काट लेना।... अभी

उमर ही क्या हुई है, हमारी। कमाएँगे। पहले लोग रिटायरमेंट के बाद अपना घर बनवा पाते थे। अब वो स्थितियाँ नहीं रहीं। दो ही साल तो हुए हैं शादी के। ऐसी क्या हड़बड़ी है। रह लेंगें दो-चार साल और किराए के मकान में। आगे यही स्थितियाँ तो नहीं रहनी हैं। जुटा लेंगे सब सुख-सुविधाएँ।...''

मंडन मिसिर पहली बार अपने बेटे को गौर से देख रहे थे। हैरानी हो रही थी कि यह उनका ही बेटा है। इस बेटे को उन्होंने पहले कभी देखा ही नहीं। अपने खून से ही इतना दूर रहे वे इतने सालों तक! बेटे की बातें सुनते हुए उन्हें अफसोस हो रहा था अपने ऊपर। मगर मन ही मन गर्व हो रहा था कि संस्कार उसमें खानदानी हैं।

उन्होंने बहू को समझाने की कोशिश की, ''बात तो सही है बेटा। गांव की जमीन-जायदाद तुम्हारी है। उसका चाहे जैसे, जब इस्तेमाल करो। मैं जाते ही तुम लोगों के नाम वसीयत लिख दूँगा। मगर तय कर लो आपस में तुम दोनों कि सही क्या है और करना क्या है। मिलजुलकर ही फैसले होने चाहिए बेटा।...''

''पिताजी समस्या कोई नहीं है। बस, कमाई और खर्चे के बीच तालमेल की है। यह भला कहाँ की समझदारी हुई कि कमाई दस हजार रुपये महीने की है और साड़ी खरीद लो बारह हजार रुपये की। शौक पूरे करना बुरी बात नहीं है, मगर दिखावे का कोई अन्त होता है क्या? कमाते हम हैं, तो खर्चे दूसरों को ध्यान में रखकर क्यों करें! हमें अपने जीने का तरीका, अपनी जरूरतें खुद तय करनी हैं। दूसरों की हैसियत को ध्यान में रख के करेंगे तो भला कहाँ टिक पाएँगे। समस्या बस यही है। आप बिल्कुल चिन्ता न करें हमारी।...'' बेटे ने मिसिर महराज को समझाया।

मगर बहू उखड़ गयी। तेज-तेज बोलने लगी। जैसे दौरा पड़ा हो, ''पता नहीं किन गंवार लोगों के पल्ले पड़ गयी मैं। मैं कहती कुछ और हूँ, ये समझते कुछ और हैं। दुनिया देखी ही नहीं जैसे। हर बात में आदर्श। हकीकत से कोई वास्ता ही नहीं। जैसे हवा में से सब कुछ आ जाएगा। घर की कीमत रोज बढ़ जाती है। आज नहीं खरीदेंगे तो कल जैसे कुबेर का खजाना खुलने वाला है। आसमान से पैसे बरसने वाले हैं। एक बेटी हो गयी है। बड़ी होगी तो शादी-विवाह का खर्चा। घर के दैनिक खर्चे भी कम तो होंगे नहीं। मगर इनको लगता है, सब हवा में से आ जाएगा।... मैंने शुरू में ही विरोध किया था। पापा को समझाया था कि इस आदमी के साथ निभ नहीं पाएगी मेरी। मगर पट्टी बँधी थी आँखों पर उनकी। उन्हें संस्कार नजर आ रहे थे। नौकरी नजर आ रही थी। जब आदमी में व्यावहारिक ज्ञान ही न हो तो इन सब चीजों का क्या मतलब। दुनिया कहाँ से कहाँ जा रही है, मगर यह आदमी एक तबेले में जिन्दगी गुजारने को तैयार है। न ओहदे की फिकर न बीवी की इच्छाओं की कद्र।...''

''शैलजा अब तुम अपनी हद पार कर रही हो। पिताजी से ऐसी बेतुकी बातें

करने का क्या मतलब है। जो फैसले हम दोनों को करने हैं, उसमें पिताजी को घसीटने का क्या अर्थ है। हैरानी की बात है कि इतना कॉमन सेंस भी तुममें नहीं बचा।...'' बेटे ने दाँत पीसते हुए प्रतिवाद किया।

इतना सुनना था कि बहू का दौरा और बढ़ गया। उसकी साँसें धौंकनी की तरह चलने लगीं। चेहरे पर घृणा के भाव छलक-छलक पड़ रहे थे। माथे की नसें तनी हुईं। उसने पहले तो अलमारी पर एक मुक्का जमाया, फिर फर्श पर पाँव पटककर कोसना शुरू कर दिया। ऐसी-ऐसी बातें कि सुनकर मंडन मिसिर की छाती छलनी हुई जा रही थी। बेटे के चेहरे पर उभरी पीड़ा उनसे सहन नहीं हो पा रही थी।... अब उन्हें अहसास हुआ कि पिछले डेढ़ सालों में बेटा एक बार भी गाँव क्यों नहीं आया था।

मगर बड़ी मुश्किल से बहू को समझा-बुझाकर शान्त किया। बेटे को समझाया कि बहू बिल्कुल सही कह रही है। तुम्हें इसकी बातों को मान देना चाहिए। घर की चिन्ता तो घरनी को ही होती है। उसकी बात मान लो।...

फिर अगले दिन की गाड़ी पकड़कर गाँव लौट आये थे। आते ही चारों ओर लोगों से कह दिया कि खेत बेचने हैं। दो-तीन महीना लग गया ग्राहक पटाने और ग्राहकों को पैसा जुटाने में। फिर पाँच बीघा रख के सारा खेत बेच दिया। बेटे को फोन किया कि आकर पैसा ले जाओ। वह आया, यहीं से पैसा अपने खाते में डलवाया और तीन दिन बाद चला गया।

हालाँकि इस पूरे घटनाक्रम को मिसिर महराज अपने भीतर दबाये रहे। किसी से कोई चर्चा नहीं की। मगर गाँव की नाक बड़ी तेज है। उसने सूँघ ही लिया बेटे-बहू के बीच की अनबन को।

गाँव का यह सूँघना ज्यादा सालता रहा मिसिर महराज को। वे लोगों से कटने लगे। छोड़ दिया चट्टी पर जाना, दुब्बर साव की दुकान पर उठना-बैठना, लोगों से बोलना-बतियाना। खुरपी लिए खेत में कुछ करते रहते। मगर फाँस फँसी थी, सो करकती रहती।

000

अगले दिन सुबह बालू की बहू को मिसिर महराज की खुरपी दिख गयी। मन्दिर के पास वाले सूखे कुएँ की जगत पर। वहीं बैठे होंगे मिसिर महराज और भूल आये होंगे। उसने घर आकर ससुर को बताया। बालू खुरपी लिए खुशी-खुशी मिसिर महराज के दरवाजे पहुँचा। आवाज लगाई। भीतर से कोई आवाज नहीं। दो-चार लोग और जुट आये। आवाजें दी गईं, मगर अनुत्तरित।

कोई घर के अन्दर जाकर देख आया। मंडन मिसिर घर में नहीं थे। बिस्तर खाली पड़ा था।

किसी ने कहा, दिशा-मैदान के लिए गये होंगे नदी की तरफ।

उनके आने का इन्तजार होने लगा। घंटा, दो घंटा। फिर शंकाएँ सिर उठाने लगीं। लोग मंडन मिसिर को ढूँढ़ने निकले। मगर कहीं नहीं मिले। खेत-खलिहान, बाग-बगीचा, मन्दिर सब देख लिया।... किसी ने कहा, कल रात को तो हम से बात करके ही सोने गये थे। किसी रिश्तेदारी वगैरह में भी जाने की चर्चा नहीं थी। गये कहा!

तरह-तरह की चर्चा, तरह-तरह के कयास, तरह-तरह की बातें।

करीब महीने भर बाद एक प्रत्यक्षदर्शी ने सूचना दी कि उसने मंडन मिसिर को दाढ़ी बढ़ाये, त्रिपुंड लगाये अयोध्या के एक मन्दिर में देखा है।

000

धधक धुआँ धुआँ

जिस दिन हम शिवपुरी पहुँचे, उसके एक दिन पहले रात को देवरा गाँव के सरपंच का कत्ल हो गया था। पिछले स्टेशन पर अखबार खरीदा तो पहले पन्ने पर उस घटना की खबर थी। पिछले दिन की खबर का फॉलो-अप। कुछ खुलासे। पुलिस अधिकारियों और कुछ स्थानीय नेताओं, निवासियों की प्रतिक्रियाएँ। जैसा आमतौर पर ऐसी घटनाओं में होता है। सत्तापक्ष और प्रशासन के लोगों की अपनी कमजोरियों को छिपाने और कार्रवाई को उचित ठहराने की कोशिश और विपक्षी दल की उन पर निशाना साधने की।

स्टेशन पर हमें लेने तारानन्द आया था। तारानन्द झा। पहले जैसा ही बिहँसते हुए गरमजोशी से गले मिला। मेरी बीवी सफिया को नमस्ते और बेटी रेहाना के सिर पर हाथ फिराकर प्यार किया। अपने साथ आये आदमी को इशारा किया तो उसने सामान उठा लिया। फिर हम स्टेशन से बाहर निकलकर गाड़ी की तरफ बढ़ने लगे।

अब वह मेरी तरफ से ध्यान हटाकर सफिया से बातें करने लगा। मेरी शिकायतें, 'बड़ी मुश्किल से तलाशा है हमने भाभी जी इसको। दिल्ली में यूनिवर्सिटी छोड़ा तो गायब ही हो गया। यह जरूर पता था कि श्रीनगर यूनीवर्सिटी में पढ़ा रहा है। दो साल पहले मैं एक सेमिनार में वहाँ गया था। इसकी तलाश की तो पता ही नहीं चला। किसी ने बस इतना बताया कि कुछ साल पहले यहाँ थे, अब नहीं हैं। नौकरी छोड़कर चले गये।... ससुर पकड़ में आया फेसबुक पर।... पता नहीं आपको बताया कि नहीं, हम बड़े अजीज दोस्त हैं। मगर सोलह साल बाद मिल रहे हैं। वही आपकी शादी में गये थे, फिर उसके बाद कुछ हम भी बिजी हुए और इसने भी कोई खोज-खबर नहीं ली-दी। सो, इतना लम्बा गैप हो गया।... खैर, देर आयद दुरुस्त आयद।... और बताइए, कोई तकलीफ तो नहीं हुई रास्ते में? सफर ठीकठाक रहा?'

मैं चुपचाप सुन रहा था। सफिया ने मुस्कराते हुए कहा, ''जी भाई साहब, कोई तकलीफ नहीं हुई। बड़ा मजा आया सफर में। बेटी तो पहली बार कश्मीर से बाहर निकली है। इसी के चलते हम जम्मू तक हवाई जहाज से आये, फिर ट्रेन से। हालाँकि यहाँ तक आने के लिए दो बार ट्रेन बदलनी पड़ी। लेकिन इसने पहली बार ट्रेन में सफर किया है, इसलिए ज्यादा एक्साइटेड है। ट्रेन का सफर इसे काफी मजेदार लगा

है। काफी एन्ज्वाय किया इसने।... भाई साहब, अशरफ भी आप लोगों को बहुत याद करते हैं। कितनी बार तो आप लोगों का जिक्र कर चुके हैं। बेशक हम सोलह साल बाद मिल रहे हैं, मगर आपके बारे में जैसे सब कुछ जानते हैं।..."

तारानन्द की यही खासियत है। किसी को भी पहली बार में अपना बना लेता है। हँसमुख गोरा चेहरा। मझोला कद। न अधिक मोटा न दुबला। कुछ भी पहन ले, फबेगा। सिर पर छोटे घने घुँघराले बाल, पीछे की तरफ मुड़े हुए। कंघा न भी करे, चलेगा।

यह यहीं एनजीओ चलाता है। आदिवासी लोगों के अधिकारों को लेकर। जैसाकि इसकी वेबसाइट और ब्लॉग पर ब्योरा दिया है—इसने शिवपुरी में आदिवासियों की शिक्षा, संस्कृति, स्वरोजगार, वनोपज के विपणन आदि को लेकर काफी काम किया है। करीब पाँच महीने पहले तारानन्द ने ही मुझे फेसबुक के जरिये ढूँढ़ निकाला था। पहले इसकी रिक्वेस्ट आयी थी, अपने फ्रेंड सर्किल में शामिल करने की। मैंने उसे एक्सेप्ट किया तो आधे घंटे बाद इसकी छोटी, मगर दिल को छू लेने वाली चिट्ठी थी—"हमने मान लिया था कि तुम जे ऐंड के के किसी टेररिस्ट ग्रुप में शामिल होकर 'भूमिगत' हो चुके या मारे गये हो। मगर तुम्हें फेसबुक पर देखकर भरोसा हुआ कि नहीं, अभी तक जिन्दा और 'नागरिक समाज' का हिस्सा हो। अब तुम्हारी असलियत पता चल चुकी है, तो लगे हाथों यह भी बता दो कि कहाँ हो और क्या कर रहे हो।"

उसके बाद निर्मलेन्दु की चिट्ठी। निर्मलेन्दु बागची। इस जिले का अधीक्षक। उसने लिखा, "तुमने सोचा होगा, पकड़ में नहीं आओगे, मगर प्रशासन के हाथ बड़े लम्बे होते हैं मेरे दोस्त। देखो, ढूँढ़ निकाला न।... कहाँ हो, क्या कर रहे हो।'

फिर तो फेसबुक के जरिये बातचीत का सिलसिला शुरू हो गया। उसके बाद कई भूले-बिसरे दोस्त जुड़ते चले गये। अभी तक मैं ब्लॉग, फेसबुक, ट्विटर वगैरह को खामखा वक्त बरबाद करने का शगल मानता था। यों भी कश्मीर में संचार सुविधाओं का इस्तेमाल आसान नहीं है। हर वक्त आप स्कैनर पर होते हैं। हुकूमत को कभी कोई बात नागवार गुजर गयी तो पेशी हो जाती है। नाहक बदनामी, जिन्दगी का सुकून छिनता है, सो अलग। इसलिए इस साधन से जुड़ने में हिचकता था। ई-मेल ही ठीक है। इससे काम की सारी सूचनाओं का आदान-प्रदान हो जाता है। मगर आशीष के बार-बार कहने और यह तर्क देने के बाद कि इससे अपनी पत्रिका के लिए काफी मदद मिलेगी, मैंने फेसबुक पर अकाउंट खोला था।

आशीष यानी आशीष कौल। बीए में मैंने उसे एक साल श्रीनगर यूनिवर्सिटी में पढ़ाया था। यहीं अनन्तनाग में रहता है। पढ़ाई के दौरान मुझसे ऐसा जुड़ा कि मेरा सबसे अजीज स्टूडेंट हो गया। कम्प्यूटर में खासी काबीलियत है उसकी। पार्ट टाइम कोर्स करके डिजाइनिंग सीखी है। अब तो उसके हाथ ऐसे सध गये हैं कि ग्राफिक्स और डिजाइनिंग में उसका शानी नहीं।

अब्बा के गुजरने के बाद उनका कारबोर कौन देखे, तय करना कठिन था। सफिया भी नौकरी करती थी, मैं भी। अब्बा आखिरी वक्त में अपने कारोबार को लेकर कुछ ज्यादा संजीदा हो गये थे। पिछले कुछ दिनों से लगातार रात को मुझसे कहते, बेटा मैगजीन बन्द नहीं होनी चाहिए। अब्बा ने काफी मेहनत से ऑफसेट प्रेस खड़ी की थी। ट्रेडल प्रेस से ऑफसेट तक पहुँचे थे। कारोबार ठीक-ठाक चल रहा था। सरकारी काम काफी मिल जाता था। माँग के मुताबिक फ्लेक्स मशीन भी लगा ली थी। इससे प्लास्टिक के रंगीन पोस्टर-बैनर वगैरह छापने का काम काफी मिल रहा था। अब शर्बत और जलेबी बेचने वाले भी प्लास्टिक के छपे रंगीन बैनर अपनी दुकानों के आगे टाँगने लगे थे। राजनीतिक दल और छोटे-मोटे नेता अपने कार्यक्रमों के लिए ऐसे पोस्टरों का आर्डर जब-तब देते ही रहते थे। मगर अब्बा की जान अपनी पत्रिका में बसती थी। कश्मीरी में छोटी-सी, ब्लैक ऐंड वाइट पत्रिका। 'गुले-कश्मीर'। उसमें राजनीतिक-सामाजिक हलचलों के अलावा कविता-कहानी, पैगम्बरों की नसीहतें वगैरह सब कुछ छपता था। बहुत कम बिकती थी। बमुश्किल एक हजार। मगर अब्बा को उसकी बिक्री बढ़ाने की फिक्र नहीं थी। उन्हें लगता था कि इस पत्रिका के जरिये वे एक आन्दोलन को जिलाये हुए हैं। मैंने उन्हें एकाध बार सलाह भी दी थी कि अंग्रेजी और उर्दू में इस पत्रिका को निकालें और कंटेंट को आज की रुचियों के मुताबिक रखें तो शायद ज्यादा लोग पढ़ेंगे। नयी पीढ़ी तो अंग्रेजी पढ़ती है। कश्मीरी पढ़ने वाले कितने हैं ही। मगर लालदेद और दीनानाथ नादिम के मुरीद अब्बा को यह सलाह नहीं जँची। वे कहते, कश्मीर की तहजीब को बचाना है तो वह कश्मीरी के जरिये ही मुमकिन है। 'गुले-कश्मीर' के जरिये वे ताउम्र गुमराह हो रहे युवाओं को समझाने-सिखाने में लगे रहे। कई बार उन्हें धमकियाँ भी मिलीं, मगर वे डरे न डिगे।

छोटी बहन के निकाह के तीसरे रोज ही गुजर गये थे अब्बा। जैसे वे अपनी इस जिम्मेदारी के पूरा होने का इन्तजार कर रहे थे। उन्हें लग गया था कि अब ज्यादा दिन नहीं रहेंगे। एक दिन पहले ही रात को उन्होंने मुझसे जबान ली थी कि मैं 'गुले-कश्मीर' को बन्द नहीं होने दूँगा।

उनके गुजरने के बाद मैंने सफिया से सलाह की थी। हालाँकि प्रेस का काम सँभालने के लिए पाँच-छह मुस्तकिल मुलाजिम थे। बस उन्हें सुपरविजन की जरूरत थी। मगर चिन्ता थी 'गुले-कश्मीर' की। सो, हमने बैठकर उस पर विचार किया। सफिया खुद एक स्कूल में कश्मीरी पढ़ाती है। मुझे कश्मीरी साहित्य के बारे में बिल्कुल नहीं पता। जैसे-तैसे कश्मीरी लिख-पढ़ जरूर लेता हूँ, मगर पत्रिका का काम सँभालना मेरे वश की बात नहीं थी। सफिया ने पत्रिका की जिम्मेदारी अपने ऊपर ले ली। फिर आशीष का ध्यान आया। वह भी कश्मीरी साहित्य खूब पढ़ा हुआ है। उसे इस बारे में बताया तो वह इस कदर उत्साहित हुआ कि पूछो मत। इस तरह पत्रिका को आगे बढ़ाने का रास्ता निकल आया।

अब्बा के गुजरने के दो महीने बाद पत्रिका का नया अंक आया था। बिल्कुल नए साज-सज्जा में। आशीष ने उसका हुलिया ही बदल दिया था। उसका सम्पादकीय मैंने अंग्रेजी में लिखा था, जिसका आशीष और सफिया ने मिलकर कश्मीरी में तर्जुमा किया था। अंक आने के दस रोज बाद ही प्रेस के पते पर उर्दू में एक खत मिला। लिखा था, ''रहमान मलिक की विरासत और खुद को जिन्दा रखना चाहते हो तो अपने तेवर बदल लो।'' रहमान मलिक यानी अब्बा। उस दिन मैं बहुत बेचैन रहा। पत्रिका के सम्पादकीय में लिखी बातों को लेकर किसी चरमपन्थी गुट को एतराज था। वह दिन काफी उधेड़बुन में बीता। मैंने 'गुले-कश्मीर' के सारे पुराने अंक पलट डाले। तब मैंने जाना कि सच कहने और आम अवाम के हक की बात करने के लिए जरूरी नहीं की आवाज ऊँची रखें। आहिस्ता कही बातें भी भरपूर असर डालती हैं। उस दिन मैंने यह भी जाना कि अब्बा को अपनी पत्रिका से इतना लगाव क्यों था।

खैर, उस दिन के बाद से हम भाषा को लेकर काफी सावधान रहने लगे थे। हालाँकि उन दिनों दहशतगर्दी कुछ बढ़ गयी थी, मगर हमने देखा कि आम लोगों में पत्रिका का असर बढ़ रहा था। सो, हमने फैसला किया कि पत्रिका को उर्दू और अंग्रेजी में भी निकालना चाहिए। सफिया और आशीष मेरे तर्क से सहमत थे कि युवा पीढ़ी को अपनी संस्कृति और मुल्क की हकीकत से वाकिफ कराना है तो इन दो भाषाओं का भी सहारा लेना जरूरी है।

इस तरह करीब साल भर बाद पत्रिका के उर्दू और अंग्रेजी संस्करण भी निकाले गये। लेकिन नौकरी के साथ-साथ पत्रिकाओं का काम सँभालना आसान नहीं था। भले ये मासिक थीं, मगर सामग्री जुटाने, लोगों से ताल्लुकात बनाने, एडिटिंग, डिजाइनिंग वगैरह में खासा वक्त जाता था। फिर प्रेस का काम। साल भर जैसे-तैसे चलता रहा। मगर लगने लगा कि यह सम्भव नहीं है। उसी साल रेहाना पैदा हुई थी। उसकी देखभाल की जिम्मेदारी भी बढ़ गयी थी, सो सफिया पत्रिका और प्रेस के काम में कम समय दे पाती थी। इसलिए मैंने नौकरी छोड़ने का फैसला किया था।

आशीष मुस्तकिल तौर पर हमारे साथ जुड़ गया था। उसकी वजह से काफी मदद मिलने लगी। पत्रिका के कंटेंट, डिजाइनिंग वगैरह को लेकर वह रोज ही कोई नया विचार ले आता है। मैंने शुरू में ही नोट कर लिया था कि पढ़ाई में उसकी दिलचस्पी बस उतनी है, जितने से डिग्री हासिल की जा सके। कम्प्यूटर को लेकर दीवानगी उसमें ज्यादा है। उसने डिजाइनिंग की जिम्मेदारी अपने ऊपर ले ली तो मैंने बहुत सारे लोगों से कंटेंट पर राय-मशविरा करके पत्रिका को नया रूप देने का तय कर लिया था।...

फिर इस कदर मशरूफ हुआ कि वक्त कैसे भागता गया, पता ही नहीं चला। आज मुझे अहसास हो रहा है कि रेहाना के पैदा होने के बाद हम कश्मीर से पहली बार एक साथ घूमने-फिरने बाहर निकले हैं!

गाड़ी में बैठे तो तारानन्द ने बताया कि नक्सलियों ने मुखिया के घर में घुसकर गोली मार दी। इस इलाके में यह पहला नक्सली हमला है। पहले हमारे रुकने का इन्तजाम जिस सरकारी रिसॉर्ट में किया गया था, वह देवरा गाँव के पास ही है, इसलिए हमें वहाँ न ठहराकर शहर के एक गेस्ट हाउस में रुकने का प्रबन्ध किया गया था। उस दिन राज्य के ग्रामीण विकास एवं आदिवासी कल्याण मन्त्री का दौरा था। वे देवरा गाँव पहुँचने वाले थे। निर्मलेन्दु बागची उन्हीं के साथ व्यस्त था।

मैंने कहा, ''अगर सूचित कर देते तो हम अपना प्रोग्राम बदल देते।''

''अरे यार, तू भी खामखा परेशान हो रहा है।... बताते तो तब, अगर वक्त हमारे हाथ में होता। जब यह घटना हुई तब तक तुम कश्मीर से रवाना होकर रास्ते में रहे होगे। इस तरह तुम्हें रोकना उचित नहीं था।... आ गये, अच्छी बात है। रोक देते तो पता नहीं फिर कब आते तुम। आते कि न आते।... ऐसी घटनाएँ तो होती रहती हैं। इनसे निपटना प्रशासन का काम है। तुम काहें चिन्ता करते हो। मस्त रहो। हम हैं न तुम्हारे साथ।...'' तारानन्द ने अपने चिर-परिचित अन्दाज में घटना की गम्भीरता को हवा में उड़ा दिया।

000

शिवपुरी हम सुबह के करीब दस बजे पहुँचे थे। गाड़ी दो घंटे देर से पहुँची थी। साढ़े दस से पहले ही गेस्ट हाउस पहुँच गये होंगे।

गेस्ट हाउस पहुँचे तो तारानन्द ने वहां के कर्मचारियों को हमारी देखभाल सम्बन्धी ढेर सारी हिदायतें दीं। हमसे कहा—''तुम लोग खा-पीकर आराम कर लो। शाम को आता हूं, तो शहर घूमने चलेंगे। फिर वहीं से निर्मल के घर।'' फिर वह चला गया था। उसे कोई जरूरी काम निपटाना था।

जनवरी की सर्दी। खिली हुई धूप अच्छी लग रही थी। मैं बाहर लॉन में बैठना चाहता था। मगर सफिया और रेहाना कमरे में घुसते ही बिस्तर पर रजाई में घुस गयी। सफिया ने अपने लिए चाय मँगायी और मैंने ब्लैक कॉफी। मैं सफिया और रेहाना को बाहर धूप में बैठने को उकसाता रहा, मगर वे रजाई से निकलने को तैयार नहीं हुईं। फिर मैं अकेले लॉन की बेंच पर जाकर बैठ गया।

बैरा लॉन में ही मेरे लिए कॉफी ले आया था। उसने पूछा, ''नाश्ते में क्या लेंगे साब?''

मैंने कहा, ''अब तो खाने का वक्त हो रहा है। जब तक नहा-धोकर तैयार होंगे, खाने का वक्त हो जाएगा। नाश्ते के लिए परेशान मत होइए।... ट्रेन में हल्का-फुल्का नाश्ता कर लिया था। बच्ची से पूछ लीजिए, अगर उसे चाहिए तो बटर-टोस्ट या फिर आमलेट वगैरह कुछ दे दीजिएगा।''

वह चला गया। मैं कॉफी पीते हुए आसपास के माहौल को देखता रहा। गेस्ट हाउस छोटा ही था। सुन्दर, साफ-सुथरा। सर्दी के रंग-बिरंगे फूल क्यारियों में खिले हुए। मगर वहाँ लगभग सन्नाटा पसरा था। बस कभी कोई कर्मचारी किसी काम से आता-जाता दिख जाता था। मैंने अनुमान लगाया कि शायद हम अकेले यहाँ ठहरे हैं। यह गेस्ट हाउस प्रायः खाली ही रहता होगा। हमारे आने से कर्मचारियों में कुछ हलचल शुरू हुई है।... बाहर वाहनों का शोर भी नहीं है। शायद यह इस शहर का सम्भ्रान्त और विशिष्ट लोगों का रिहाइशी इलाका होगा। इधर सामान्य लोगों की आवाजाही कम होती होगी।... इस खामोशी की वजह नक्सली हमला तो नहीं हो सकता!...

अखबारों-पत्रिकाओं और किताबों में माओवादी आन्दोलन के बारे में काफी कुछ पढ़ चुका था। आए दिन अखबारों में छपी खबरें पढ़कर माओवाद से निपटने सम्बन्धी सरकार की तैयारियों और उन पर बुद्धिजीवियों, विभिन्न इलाकों के लोगों की प्रतिक्रियाओं का पता चलता रहता है। ज्यादातर घटनाओं में आदिवासी समाज के साथ हो रहे अन्याय, भेदभाव और उनके भीतर की खलबली उजागर होती है। मगर किसी समस्या के बारे में पढ़कर जानने और उससे प्रत्यक्ष परिचित होने में अन्तर होता है। अब तक ऐसे इलाकों की स्थितियों से रू-ब-रू होने का मौका मुझे नहीं मिला था। इसलिए शिवपुरी आने के पीछे मेरा बड़ा मकसद आदिवासियों के बीच कुछ समय गुजारने का भी था। उनका रहन-सहन देखने, बातचीत करके उनकी समस्याओं को जानने-समझने की इच्छा थी। कश्मीर में दहशतगर्दों की चालों, उनके असल मकसद, हुर्रियत के छिपे एजेंडे से मैं वाकिफ था। मगर नक्सलवाद को उससे जोड़कर नहीं देखा जा सकता। नक्सलियों की समस्या को नजदीक से जानने की इच्छा कबसे मन में दबी थी। इसलिए तारानन्द ने यहाँ आने का न्योता भेजा तभी मैंने तय कर लिया था कि उसकी मदद से यहाँ के आदिवासी समाज को जानने-समझने की कोशिश करूँगा।...

तभी गेस्ट हाउस का मैनेजर आया। मुस्कराते हुए पूछा, ''सर, लंच में क्या लेना पसन्द करेंगे।''

''आप जो पकाएँगे।'' मैंने कहा। ''मगर अभी तो आप यहाँ बैठिए। ये बताइए, देवरा गाँव के बारे में जानते हैं?''

''जी सर। कभी-कभार उधर से गुजरना होता है। वहाँ से थोड़ा ही आगे मेरा गाँव है। अभी जो आदमी आपको कॉफी दे गया, वह वहीं का रहने वाला है।'' उसने जवाब दिया।

''फिर तो आपको जानकारी होगी। नक्सलियों ने देवरा गाँव के मुखिया का कत्ल क्यों कर दिया ?''

''बदमाश था सर, वो आदमी। बहुत चालाक था।... यहाँ कानून है कि किसी

आदिवासी की जमीन कोई बाहरी आदमी नहीं खरीद सकता। कोई आदिवासी ही खरीद सकता है। मगर मुखिया एक कारोबारी से साँठगाँठ करके आदिवासियों को बहला-फुसला कर उनकी जमीनों की अलग-अलग नामों से रजिस्ट्री करा रहा था। फिर चोरी-छिपे उन जमीनों का पट्टा कारोबारी की किसी कम्पनी के नाम हो रहा था।... सर कुछ साल पहले इस इलाके में सर्वे हुआ था। जिंक का भंडार मिला यहाँ की जमीन और पहाड़ों के नीचे। लोग बताते हैं कि वह कारोबारी यहां कारखाना लगाना चाहता है। मगर आदिवासी की जमीन कारोबारी सीधे खरीद नहीं सकता। अगर आदिवासी उसे पट्टे पर दे दें तो सरकार कारखाना लगाने की मंजूरी दे सकती है। मगर आदिवासी अपनी जमीन क्यों किसी कारोबारी को देने लगे! अगर इसके लिए किसी तरह उन्हें राजी भी कर लिया गया तो विपक्षी पार्टियाँ हंगामा शुरू कर देंगी। इसलिए मुखिया को पटा कर चोरी-छिपे यह काम हो रहा था।... नक्सलियों को भनक मिल गयी। मार दिया उसको।...'' मैनेजर ने समझाया।

मुझे याद आया कि आज अखबार में भी भीतर कहीं ऐसी एक छोटी-सी खबर थी, जिसमें मारे गये मुखिया की किसी कारोबारी से साँठगाँठ और जमीन की खरीद-फरोख्त का खुलासा था।

''लेकिन बिना सरकारी मदद के कोई कारोबारी यहाँ कारखाना लगा कैसे सकता है?'' मैंने जिज्ञासा प्रकट की।

''ऊपर से इशारे के बगैर थोड़े न होता है ऐसा सब काम सर! प्रशासन को सब पता था। सुना है कि नक्सली प्रशासन से भी खफा हैं। इसलिए यहाँ तनाव है।... हम भी सरकारी मुलाजिम हैं। डर लगता है कि उधर गये तो नक्सली कहीं हम पर न हमला कर दें।... नक्सलियों का क्या भरोसा! उनका विरोध सरकार से है। हम सरकारी लोग हैं। इसलिए डर तो लगता ही है।...''

''लेकिन हमने तो सुना है, प्रशासन ने यहाँ आदिवासियों के लिए काफी काम किया है। उनकी पढ़ाई-लिखाई, रोजगार वगैरह की काफी सुविधाएँ जुटायी हैं।''

''लेकिन सर, किसी की जमीन-जायदाद छिनेगी तो वह तिलमिलाएगा कि नहीं। अब इसमें कितना प्रशासन का हाथ है और कितना खुद आदिवासियों के बीच के लोगों का, क्या कहा जा सकता है। पैसे का लोभ इस कदर बढ़ा है इन दिनों कि लोग किसी को भी बेचने को तैयार बैठे हैं। मुखिया भी तो मारा गया पैसे के लोभ में ही।...'

''कितनी जमीन खरीदी-बेची होगी उसने?''

''यह तो ठीक-ठीक मैं नहीं बता सकता सर, मगर काफी जमीन बिकी है उस इलाके में। पिछले साल-डेढ़ साल से रजिस्ट्री हो रही थी।''

तभी वह बैरा वहाँ आ गया, जो कुछ देर पहले मुझे कॉफी दे गया था। कॉफी

का खाली कप उठाया और मैनेजर की तरफ मुखातिब हुआ, ''सरजी, मैडम को ब्रेड-आमलेट दे दिया था नाश्ते में। लंच के लिए क्या बनाने को कह दूँ?''

मैनेजर कुछ कहता, उससे पहले मैंने कहाँ, 'हमारे यहाँ नॉनवेज ज्यादा खाते हैं, अगर कुछ बना सकते हैं तो ठीक, वरना चावल-दाल-सब्जी जैसा जो कुछ बनाएँगे, खा लेंगे। ज्यादा परेशान होने की जरूरत नहीं है। चावल के साथ अंडा करी भी चलेगी।... अच्छा ये बताइए, मैनेजर साहब बता रहे थे कि आप देवरा गाँव के रहने वाले हैं?''

''जी, ठीक देवरा का तो नहीं, पर बिल्कुल सटा है मेरा गाँव देवरा से। मेरे गाँव का नाम है मँगरा। लोग दोनों का नाम जोड़कर पुकारते हैं- मँगरा-देवरा।''

''कितनी दूर है यहां से?''

''होगा यही कोई बीस-बाईस किलोमीटर।'' इस बार मैनेजर और बैरे ने मिलकर जवाब दिया।

''मैं जाना चाहता हूँ वहाँ।''

''अभी तो न जाओ साब। कुछ दिन रुक जाओ। अभी लफड़ा हो गया है न उधर। खतरा है।'' बैरे ने कहा।

''चलिए विचार करते हैं।'' मैंने कहा। फिर मैनेजर और बैरा चले गये थे।

मैं अखबार पढ़ता रहा। धूप चुभने लगी तो कमरे में चला गया।

दोपहर को नहा-धोकर खाना खाने के बाद सफिया और रेहाना भी मेरे साथ लॉन में आ गयी। रेहाना उत्सुक थी कि जल्दी तारानन्द आकर हमें शहर घुमाने ले जाए। पर पता नहीं क्यों मुझे लग रहा था कि हमारी वजह से निर्मलेन्दु और तारानन्द को बेवजह परेशानियाँ उठानी पड़ेंगी। उन्हें अपनी सुरक्षा की भी चिन्ता होगी। पहले जैसे मुक्त भाव से शायद बाहर न निकल सकें। फिर हमें घुमाने-फिराने के लिए उन्हें खामखा तरद्दुद करनी पड़ेगी। मगर यह बात मैंने सफिया और रेहाना से नहीं कही।

000

करीब चार बजे तारानन्द आया था। चिर-परिचित मुस्कान लिए, ''यार माफ करना, थोड़ी भागदौड़ रह गयी थी। चाय-वाय पी लो फिर चलते हैं, शहर का एक चक्कर लगा आते हैं। घूमने-फिरने का कल से शुरू करेंगे।'' फिर उसने बैरे को आवाज लगाकर चाय लाने को कह दिया।

''हमारी वजह से तुम लोगों का काम भी रुक गया। कर लेते काम। हम तो यहाँ मजे में हैं। घूमना-फिरना बाद में कर लेंगे। अभी तो तीन दिन हैं हम यहाँ।... नहीं तो फिर आएँगे। तुम लोगों से मिलना हो गया, यह क्या कम है।'' मैंने कहा।

''अरे नहीं यार। तुम्हारे लिए पहले से प्लानिंग कर रखी है। कल-परसों तो वैसे

ही छुट्टी है। घूमने-फिरने का सारा प्रोग्राम तय है। यह बीच में कांड हो गया, इसलिए आज थोड़ा गड्डमड्ड हो गया। मन्त्री जी आये थे। देवरा से होकर सर्किट हाउस में रुके तो उन्हें यहाँ आदिवासियों के लिए चल रहे कार्यक्रमों का ब्योरा देना था, फिर आगे की स्ट्रेटजी पर चर्चा करनी थी। चूँकि मेरे आर्गनाइजेशन के काम ज्यादा चल रहे हैं, इसलिए वहाँ हाजिरी देनी जरूरी थी। सब ठीक-ठाक हो गया। आदिवासियों की गलतफहमी भी काफी हद तक दूर हो गयी है। सर्किट हाउस से सीधे यहीं आ रहा हूँ।... बस चाय पीकर फटाफट निकलते हैं। पहले मेरे घर चलेंगे, वहां से नन्दिनी और बच्चों को लेंगे और फिर शहर में मटरगश्ती करते हैं।... क्यों भाई, बोर तो नहीं हुईं आप?' तारानन्द ने रेहाना की तरफ मुखातिब होकर पूछा। उसके चेहरे पर इत्मीनान था, जैसे सिर से कोई बड़ा बोझ उतरा हो।

हम चाय पीकर पहले तारानन्द के घर गये थे। उसकी पत्नी नन्दिनी, बेटे सिद्धार्थ और बेटी वितुशा को साथ लिया। हमसे मिलकर उन्हें बहुत खुशी हुई थी। सिद्धार्थ की उम्र मेरी बेटी जितनी ही होगी। स्कार्पियो में हम सबके बैठने की भरपूर जगह थी। रेहाना, सिद्धार्थ और वितुशा ने पहले ही पीछे की सीटों पर कब्जा जमा लिया था। उनकी बातें शुरू हो गयी थीं। स्कूल, पढ़ाई-लिखाई, को-करिकुलर एक्टिविटीज, फिर अपने दोस्तों के बारे में बातें। सफिया और नन्दिनी बीच की सीट पर बैठे थे। तारानन्द गाड़ी चला रहा था और मैं उसके साथ वाली सीट पर जम गया। सफिया और नन्दिनी की घरेलू और फिर अपने पतियों की आदतों के बारे में बातें शुरू हो गयी। हमारा मजाक उड़ाने का अच्छा मौका उनके हाथ लगा था। मैं और तारानन्द बीच-बीच में कभी बच्चों, तो कभी अपनी बीवियों की बातें सुनकर कुछ कह देते या फिर हँस भर देते। तारानन्द शहर की जगहों के बारे में बताता चल रहा था।

हालाँकि मेरे मन में देवरा की घटना को लेकर बहुत सारे सवाल थे, मगर इस माहौल में उस पर बातें करना सम्भव नहीं था। सोचा, फुरसत से रात को बैठेंगे तो बात करेंगे, फिर उधर जाने का प्रोग्राम भी बनाएँगे। इसलिए तब इस बारे में मैंने कोई बात नहीं छेड़ी।

फिर हम शहर के एक सम्भ्रान्त बाजार में थे। तारानन्द ने गाड़ी पार्क की और हमें मिठाई की एक ऊँची दुकान में ले गया। तीसरी मंजिल पर। वहाँ के कर्मचारी तारानन्द को पहचानते थे। बैरे ने खिड़की के किनारे की दो मेजों पर हमें बिठा दिया। एक मेज पर बच्चों ने कब्जा जमा लिया था। दूसरी पर हम चार। वहाँ से उस बाजार को दूर तक साफ देखा जा सकता था।

''यहाँ चाट, भल्ले-पापड़ी वगैरह बहुत अच्छा मिलता है। महिला मंडल अपनी इच्छा से आर्डर कर सकता है। बच्चा पार्टी चाहे तो पिज्जा-बर्गर खा सकती है।...'' तारानन्द ने बैठते हुए कहा था।

एक बैरा मेनू कार्ड और पानी के गिलास रख गया था।

नन्दिनी और सफिया यहाँ के बाजारों और उन चीजों के बारे में बातें कर रही थीं, जो यहाँ दूसरी जगहों से सस्ती मिलती हैं। तारानन्द खाने-पीने की चीजों का आर्डर दे आया।

''यार ये बताओ, इस नक्सली हमले के बाद तुम लोगों को कोई खतरा तो नहीं है?'' मेरी चिन्ता आखिर जबान पर आ ही गई थी।

तारानन्द ने चिरपरिचित ठहाका लगाया था, ''यार ये तुम्हारा कश्मीर नहीं है। नक्सली, आतंकवादियों की तरह शहर में घुसपैठ नहीं करते। जंगल के भीतर रहकर ही हमला करते हैं। और यहाँ जंगल ऐसा नहीं है कि वे अपनी सेना तैयार कर सकें।... तुम जैसा सोच रहे हो वैसा है नहीं। ये हमला करने वाले तो नक्सली भी नहीं, चोर-डाकू किस्म के लोग हैं। एक सिद्धान्त की आड़ में अपने अपराध को छिपाने की कोशिश कर रहे हैं।... इस हमले के पीछे माओवादी सिद्धान्त के बजाय उनका स्वार्थ अधिक है। यह आदिवासियों के बीच का आपसी झगड़ा था।... हमले की रात ही वे लोग यह इलाका छोड़ गये।... यहाँ के आदिवासी भी वैसे नहीं हैं, जैसा तुमने किताबों में पढ़ा होगा। ये समाज की मुख्यधारा में शामिल होने को तैयार हैं।... तुम्हें ले चलूँगा उन लोगों के बीच। तब देखना-समझना।''

तारानन्द की बातें सुनकर मेरी घबराहट कुछ कम हुई। ''लेकिन खबर है कि वह सरपंच गैरकानूनी तरीके से आदिवासियों की जमीनें खरीद कर किसी कारोबारी के नाम पट्टा करा रहा था! इससे आदिवासी नाराज हैं कि प्रशासन ने जानते-बूझते उसे रोकने की कोशिश नहीं की।'' मैंने पूछा था।

''खबरों का क्या है। बहुत सारी लोकल खबरें नमक-मिर्च लागाकर बनायी-लिखी जाती हैं। उनमें कितनी सच होती हैं, तुम्हें पता नहीं चलेगा।... हमें यहाँ रहते आठ साल हो गये। इतने सालों में हम ऐसी खबरों के आदी हो गये हैं।... सारी खबरें सच हों, जरूरी नहीं। यह तो जाँच का मामला है कि सरपंच ने सचमुच कितनी जमीन खरीदी, उसके पास इतना पैसा आया कहाँ से। फिर उसने जमीन किसी को पट्टे पर दी या नहीं। वह सब कानूनी है कि गैरकानूनी, उन बातों से हमें क्या।...'' तारानन्द ने बेफिक्र होकर कहा।

''मगर, यह इतना हल्का और आदिवासियों की आपसी रंजिश का मामला है तो इसमें आदिवासी कल्याण मन्त्री के दौरे की बात समझ नहीं आयी!'' मैंने कहा।

''अरे यार, नेताओं के दौरे वगैरह की कई वजहें होती हैं। जैसे एक तो यही कि अगले साल यहाँ विधानसभा चुनाव होने हैं और यह मन्त्री जी का चुनाव क्षेत्र है। वे खुद भी आदिवासी समूह से हैं। इसलिए आदिवासियों को यह नहीं लगना चाहिए कि उनकी संकट की घड़ी में वे उनके साथ नहीं खड़े हुए।... हालाँकि इसके अलावा भी

कुछ वजहें हैं, वह सब बाद में बताऊँगा तुम्हें। अभी तो आलू टिक्की एन्ज्वाय करो।'' तारानन्द ने वैसे ही बेफिक्र होकर कहा।

यह तारानन्द की पुरानी आदत है। कई बार कुछ बातों को वह इस तरह फुसफुसाते हुए बताता है, जैसे किसी बड़े राज का खुलासा कर रहा हो, जबकि वह बहुत मामूली बात होती है। वह बात दस लोगों के बीच भी कही जाये तो कोई फर्क नहीं पड़ता। मगर तारा को लगता है कि इस तरह बात की गम्भीरता बनी रहती है। अक्सर जब कोई बात उसे कहनी हो और वहाँ चार-पाँच लोग मौजूद हों तो वह जिससे कोई बात बताना चाहता है, उसे बाकी लोगों से अलग ले जाता है। इस तरह बाकी लोगों में उसकी बात को लेकर स्वाभाविक ही उत्सुकता पैदा हो जाती है। यह अलग बात है कि वह बात बहुत देर तक छिपी नहीं रहती।... हॉस्टल के दिनों में हम इसकी इस आदत पर अक्सर टोका करते थे। कितनी बार हमने इसका मजाक उड़ाया होगा। मगर इसकी यह आदत नहीं बदली। पुराने दिनों को याद कर मेरी मुस्कराहट तैर आयी।

अब बात बदलना ही उचित था। ''निर्मल का परिवार उसके साथ ही रहता है या कहीं और?'' मैंने पूछा।

'अभी दो दिन पहले ही गये हैं उसके बीवी-बच्चे यहाँ से। नौ जनवरी से बच्चों के स्कूल खुल रहे थे। निर्मल ने दिल्ली में घर खरीद लिया है। बच्चे वहीं पढ़ रहे हैं। उसकी वाइफ दिल्ली यूनीवर्सिटी के एक कॉलेज में पढ़ाती है। बेटा तो अगले साल दसवीं में जाएगा। बेटी अभी छठी में है। निर्मल भी अब किसी मिनिस्ट्री में सेक्रेटरी के जुगाड़ में है। सीनियर हो गया है भाई। पाँच-छह साल इधर-उधर भटकने के बाद आठ साल से तो यहीं है। अगर बात बन गयी तो यह भी दिल्ली शिफ्ट हो जाएगा।'' तारानन्द ने बताया।

''और तुम अब यहीं जम गये हो। यहीं रहने का इरादा कर लिया है!''

''नहीं यार, अब तक तो जमे हुए थे। अब यहाँ से निकलने की सोच रहे हैं। बच्चों की आगे की पढ़ाई-लिखाई भी देखनी है। यहाँ से निकलना तो पड़ेगा।... संस्था के नाम पर नोएडा में पाँच सौ गज का एक प्लाट बुक करा लिया है। वहीं घर और दफ्तर दोनों बनाने का इरादा है। परमानेंटली।... यहाँ आना-जाना करते रहेंगे। यहाँ आदिवासी बच्चों और युवाओं के लिए दो स्कूल चल रहे हैं हमारी संस्था के। आदिवासी महिलाओं के लिए एक ट्रेनिंग स्कूल है। स्वास्थ्य आदि से जुड़े कुछ कार्यक्रम भी चल रहे हैं। इधर एक साल से आदिवासी कलाओं, दस्तकारी, लोकगीत-संगीत आदि को बढ़ावा देने की जिम्मेदारी भी हमें सौंप दी गई है। इन सब कामों को एक परिसर में समेटने के लिए पिछले साल सरकार ने हमारी संस्था को डेढ़ एकड़ जमीन भी आबंटित कर दी। नए भवन का काम काफी हद तक पूरा हो गया

है। कुछ महीनों में सारे कार्यक्रम वहीं शिफ्ट हो जाएँगे। भागदौड़ से मुक्ति मिलेगी। कल दिखाऊँगा तुम्हें वो जगह।... सो, यहाँ तो कोई परेशानी नहीं है। अब कुछ-कुछ दिनों के लिए भी आते-जाते रहेंगे तो कोई दिक्कत नहीं। काफी कार्यकर्ता तैयार हो चुके हैं। उनमें नब्बे फीसद से ऊपर आदिवासी समुदाय के हैं। वे चलाते रहेंगे संस्था के कामकाज। हम आगे देखेंगे।...''

गोलगप्पे, चाट-पापड़ी और बच्चों के पिज्जा-बर्गर-पेप्सी का दौर समाप्त हो चुका था। तारानन्द ने बिल चुकाया और हम दुकान की सीढ़ियाँ उतरकर नीचे आ गये।

000

निर्मलेन्दु के घर पहुँचते-पहुँचते खासा अँधेरा हो चुका था। हालाँकि अभी छह बजे थे। मगर सर्दी का मौसम और कोहरे की परत गाढ़ी होने की वजह से लग रहा था कि रात काफी निकल चुकी है।

'वेलकम टु शिवपुरी' कहकर निर्मलेन्दु गरमजोशी से मिला। मेरा हाथ अपने दोनों हाथों में लेकर देर तक हिलाता रहा। फिर सफिया की तरफ मुखातिब होकर कहा, ''अशरफ मियाँ को मैंने बार-बार लिखा कि न्यू इयर पर आओ। मगर इनको पता नहीं क्या ऐसा काम था कि निकल ही नहीं सके कश्मीर से। आदिवासी मेला देखना चाहते हैं। दो दिन पहले भी आते तो हमारे बीवी-बच्चों से मिल लेते। नौ जनवरी को बच्चों का स्कूल खुल रहा था, सो वे चले गये।... अब आप खाली घर में आये हैं तो खातिरदारी को लेकर शिकायत का हक गवाँ चुके हैं।''

''ऐसी क्या बात है, भाई साहब। हमें खास खातिरदारी की जरूरत है क्या है? अपने घर आये हैं हम। खुद अपनी देखभाल कर लेंगे। कह देंगे आपसे अगर किसी चीज की जरूरत होगी तो।'' सफिया ने कहा था।

''आपको खातिरदारी की भले जरूरत न हो, मगर आज मेरी खास मेहमान जो आयी हैं, उनको तो है।...'' रेहाना से हाथ मिलाने के बाद उसके सिर पर हाथ फिराते हुए निर्मलेन्दु ने कहा। ''हम आपके मम्मी-पापा की शादी में मिले थे, उसके बाद आज मिल रहे हैं।... आपके पापा तो पैदाइशी नालायक हैं, सो बड़ी मुश्किल से पकड़ में आये हैं। इनकी खातिरदारी तो अलग तरीके से होनी चाहिए, मगर आपके रहते वैसा करना ठीक नहीं होगा।...'' फिर तारा ने ठहाका लगाया तो सभी उसमें शामिल हो गये।

तभी एक मुलाजिम हाथ बाँधे हाजिर हुआ, ''सर जी, चाय कॉफी- क्या?''

''भाई बच्चा पार्टी को तो कुछ खाने के लिए लाइए, महिला मंडल को मसाले वाली खास चाय पिलाइए। और हमारे लिए स्कॉच वगैरह का इन्तजाम कीजिए।...''

मुलाजिम चला गया तो निर्मल ने कहा, ''क्यों न उधर झोंपड़ी में चलें। वहाँ अलाव भी है।... महिला मंडल हमारा साथ देगा क्या?''

"नहीं, पुरुषों की पंचायत में महिलाओं का प्रवेश वर्जित है। आप लोग बैठिए उधर जाकर, हम बच्चों के साथ यहीं ठीक हैं। गप्पें मारेंगे।" नन्दिनी ने जवाब दिया।

एक समवेत ठहाका लगा था।

फिर हम लॉन में बनी फूस के छप्पर वाली बारादरी में आ गये थे। वहाँ से मैंने निर्मलेन्दु के आवास को देखा। काफी बड़ा था। बड़ा-सा लॉन। फलदार पेड़ों का एक छोटा-सा बगीचा। एक किनारे कुछ सब्जियाँ भी उगी नजर आ रही थीं।... यह सब देख कर कोई भी अन्दाजा लगा सकता था कि छोटी जगहों पर जिलाधिकारी का रुतबा किसी नवाब से कम नहीं होता।

खैर, मुलाजिम हमारे लिए मयखाना सजा गया था। उम्दा शराब के साथ खाने के लिए भुना हुआ मुर्गा, बकरे का गोश्त वगैरह। पहला पैग मुलाजिम ने ही हमारे लिए बनाया था। निर्मलेन्दु ने अपना गिलास उठाकर टकराने के बाद चीअर्स कहा। फिर कश्मीर के हालात पर बातचीत शुरू कर दी। हमारे प्रेस वगैरह को लेकर बातें करता रहा। मगर पता नहीं क्यों, मुझे लग रहा था कि निर्मलेन्दु में पहले जैसी बात नहीं है। उसके पद की गरिमा कहीं दूरी पैदा कर रही है। हाथ बाँधे खड़े अमलों के बीच उसकी बातचीत और व्यवहार में अधिकारीपन अधिक नजर आ रहा था।...

मगर आधे घंटे बाद वह अपने सामान्य रूप में आ गया था। मदिरा का दौर शुरू हुआ तो खुलकर बातें होने लगीं। सुरापान करते हुए हम धीरे-धीरे सहज होने और खुलने लगे थे। निर्मलेन्दु के दो मुलाजिम कुछ दूरी बनाए हमारे लिए तैनात थे। मैंने अनुमान लगाया कि उनमें यह सेवाभाव लम्बे समय की रगड़ाई के बाद आया होगा। निर्मलेन्दु को एक बार भी किसी चीज के लिए आवाज नहीं देनी पड़ी। गिलास खाली हो या खाने की प्लेट, मुलाजिम फौरन भर जा रहे थे।

मैं पुराने दिनों के निर्मलेन्दु को याद कर रहा था। हम दोनों हॉस्टल में रूममेट थे, दो साल तक। बगल वाला कमरा तारानन्द का था। हम तीनों एसएफआई के सक्रिय कार्यकर्ता थे। साफ-सफाई और खाने-पीने के मामले में निर्मलेन्दु निहायत लापरवाह। दाढ़ी काटने की झंझट से बचने के लिए इसने उसे निर्बाध बढ़ने दिया था। चश्मा शायद बचपन में ही इसके साथ लग गया था। गरमी के मौसम में भी दो-तीन दिनों तक बिना नहाए गुजार देना इसके लिए सामान्य बात थी। सर्दियों में तो शायद इसे खुद भी नहीं पता होता कि कितने दिन हो गये नहाए। कपड़े बाल्टी में भिगोकर भूल जाता कि उन्हें धोना भी है। उनमें से बास आने लगती और मैं कई बार टोकता तो उन्हें धोता था। इस तरह इसके कपड़ों में कई जगह से रंग उतर चुके थे और उनमें अजीब तरह की गन्ध आती रहती।

सुबह हॉस्टल की पहली चाय पीने के लिए जरूर उठता था। छह बजे। अपना करीब एक लीटर का कप भर लाता। उसे ठीक से धोने की जरूरत कभी-कभी ही

समझता। अक्सर उसमें गरम चाय डालकर खँगाल लिया करता। चाय पीता और फिर सो जाता। घंटे-डेढ़ घंटे बाद उठता और क्लास के लिए तैयार। कभी नाश्ता करता, अक्सर नहीं करता। मैं बहुत बार इसकी लापरवाही पर टोक चुका था, मगर इसे कोई फर्क नहीं पड़ा। दिन भर किताबों में आँखें गड़ाए रहता। इसका ज्यादातर समय लाइब्रेरी में गुजरता। रात को भी देर तक पढ़ता रहता।...

मगर गाता बहुत अच्छा था। कभी-कभार जब कोई फंक्शन होता या संगठन का कोई कार्यक्रम, यह गाकर समाँ बाँध देता। किसी मुद्दे पर डिसकशन हो तो अपने तर्कों से सबको चुप करा देता। उन दिनों बार-बार मुझे लगता था कि यह पार्टी का कर्मठ कार्यकर्ता बनेगा। नौकरी-चाकरी इसके वश की बात नहीं। जो आदमी सरकार और व्यवस्था की इतनी खामियाँ निकालता हो, गरीब-गुरबा के प्रति जिसके दिल में इतना दर्द हो, वह व्यवस्था का अंग शायद ही कभी बनना स्वीकार करे। मगर मेरी हैरानी तब और बढ़ गयी थी जब इसने बताया कि यूपीएससी की प्रिलिम पास कर ली है। हालाँकि पहले प्रयास में इसे सफलता नहीं मिली। दूसरे में मिली। सीधे अठारहवें रैंक पर। मध्यप्रदेश करैडर मिला।...

अब वही निर्मलेन्दु चिकना-चुपड़ा, सलीके वाला अधिकारी बन चुका है। सब कुछ व्यवस्थित।

तारानन्द तो शुरू से सुरुचि सम्पन्न था। बहुत सुन्दर तस्वीरें बनाता था। इसलिए संगठन के काम में पोस्टर वगैरह बनाने-लिखने की जिम्मेदारी इसकी रहती। निर्मलेन्दु आइडिया देता, किताबों से कोटेशन निकालकर लाता और तारा उस पर सुन्दर तस्वीर रच देता। यही तालमेल दोनों की दोस्ती को गाढ़ा करता गया था। सामाजिक कार्यों में तारानन्द की दिलचस्पी शुरू से थी। हॉस्टल के दिनों में ही इसने एक संगठन रजिस्टर करा लिया था।

दूसरे पैग के बाद हम कुछ-कुछ अपनी खोल से निकल आये थे। हमारी पुरानी शक्लें उभरने लगी थीं। लकड़ी की आग और भीतर की गरमी में बाहर गिरती ओस सुखद लगने लगी थी। तभी पुराने दिनों की बातों के बीच तारानन्द ने ताजा नक्सली हमले को लेकर मेरी चिन्ता की तरफ निर्मल का ध्यान खींचा था, ''अशरफ मियाँ को लग रहा है कि यह नक्सली हमला कोई बड़ा तूफान लेकर आने वाला है। यह तो हमारी सिक्योरिटी तक को लेकर परेशान है, बेचारा।''

मैंने लकड़ी की दहकती रोशनी में निर्मलेन्दु का चेहरा देखा। तारा की बात सुनते ही उस पर फौरन कुछ गम्भीरता उभर आयी थी। जैसे हमने उसकी प्रशासनिक जिम्मेदारी याद दिला दी हो। ''देखो, यह मामला गम्भीर हो भी सकता है। मैंने मन्त्री जी को भी इशारा कर दिया था। अभी इस घटना को भले कुछ स्थानीय अपराधी प्रवृत्ति के लोगों ने अंजाम दिया हो, मगर जिस तरह अखबारबाजी हो रही है दो दिनों

से, नक्सली संगठनों ने इसे टेकओवर कर लिया तो परेशानी बढ़ सकती है।'' निर्मल ने तारा को समझाया।

''मगर यहाँ के आदिवासी इतनी आसानी से उनकी ग्रिप में आ जाएँगे क्या?'' तारा का सवाल था।

''क्यों, इसमें मुश्किल क्या है! लोगों को उनके अधिकार और अस्तित्व पर हो रहे हमले का हवाला देकर भड़काना सबसे आसान होता है। जमीन की खरीद-बिक्री वाला मुद्दा तूल पकड़ सकता है।''

''फिर !'' अब तारा भी कुछ गम्भीर हो गया था।

''तुम्हारे काम पर भी बहुत सारे लोगों की नजर है। छोटे-छोटे संगठन, जिन्हें सरकारी फंड नहीं मिल पाता, इस मुद्दे को उठा सकते हैं।''

तारा कुछ और गम्भीर हो गया था। मुझे लगा, माहौल कुछ अलग रंग ले रहा है। पर बात छिड़ गयी तो छिड़ गयी। मैं भी तो उत्सुक था जानने को कि आखिर इस घटना के पीछे हकीकत क्या है। ''यार, लगता है, तुम लोग कुछ गम्भीर होते जा रहे हो। अभी इस मुद्दे को छोड़ो न यार, कुछ और बातें करते हैं। कल करेंगे इस बारे में बातें।'' मैंने बात का रुख पलटने की कोशिश की।

निर्मल ने गर्दन घुमाकर अपने आसपास देखा। एक मुलाजिम लपक कर आया, 'जी सर?'' ''देखो मटन बन गया है क्या। राम अवतार से कहना कि मटन में कोयले के अंगारे का तड़का जरूर लगाये और उधर बच्चों से पूछ लो, कुछ चाहिए तो देते रहना। हमें किसी चीज की जरूरत होगी तो बता देंगे।... और हाँ, अभी बज रहे हैं पौने आठ। नौ बजे खाना लगवा देना।'' निर्मल ने कहा तो 'जी सर' कहकर वह आदमी चला गया। शायद यह उसके लिए इशारा था कि वह हमारी बातों के बीच न रहे।

मैदान खाली हो गया तो तीसरा पैग खुद निर्मल ने सबके लिए बनाया। फिर उसने बात आगे बढ़ाई। इस बार वह मुझसे मुखातिब था। ''जब मैंने यहाँ ज्वाइन किया तो मेरी पहली प्रियोरिटी थी आदिवासियों के कल्याण के लिए कार्यक्रम चलाना। तभी मैंने तारा को यहाँ बुलाया था। यह बिहार में छोटी-मोटी समाज सेवा कर रहा था। फिर हमने मिल कर कई योजनाएँ बनायी और चलायी। आदिवासियों के लिए अलग से स्कूल खोले। उन्हें शुरू से ही वोकेशनल एजूकेशन देना शुरू किया। महिलाओं के लिये स्किल डेवलपमेंट प्रोग्राम शुरू किए। अब यहाँ के हर आदिवासी गाँव तक सड़क पहुँच चुकी है। हमने एक वैन चलाई, जो रोज अलग-अलग गाँवों में जाती है। इस तरह हफ्ते में एक दिन किसी न किसी गाँव की बारी तय है। उसके जरिये वनोपज के विपणन, आदिवासी कलाओं की खरीद और उनका प्रदर्शन आदि किया जाता है। राज्य के हर पर्यटन केन्द्र पर हम यहाँ के आदिवासियों द्वारा बनाए

अचार, बड़ी, लकड़ी के खिलौने, दरियाँ, सजावटी सामान वगैरह डिस्प्ले करते हैं। फिर साल में एक बार राज्य की राजधानी में और एक बार दिल्ली में आदिवासी मेले का आयोजन करते हैं। उसमें यहाँ के कलाकार, दस्तकार वगैरह हिस्सा लेते हैं। महिलाएँ प्रशिक्षण लेकर कोई न कोई धन्धा शुरू कर रही हैं, आत्मनिर्भर बन रही हैं। नौजवान होटल, रेस्तराँ वगैरह में काम करने का हुनर सीखकर नौकरी कर रहे हैं। कई आदिवासी युवकों को हमने यहाँ के सरकारी महकमों में भी जगह दिलायी है। एक सिनेमा हॉल भी खोला है यहाँ, आदिवासियों के लिए। उसमें सरकार की तरफ से हफ्ते में एक दिन कोई फिल्म दिखायी जाती है।... इस तरह अब यहाँ के आदिवासी समझने लगे हैं कि समाज की मुख्यधारा क्या चीज है। उसके साथ जुड़ने का क्या फायदा है।''

''अब यहाँ के हर घर में बिजली पहुँच चुकी है। टी.वी. है। हमारे संगठन ने करीब पाँच महीने पहले कम्युनिटी रेडियो भी शुरू कर दिया है। यहां के लोग बाहर जाते हैं। वे दूसरी जगहों को देख-समझ रहे हैं। इसलिए चाहते हैं कि उनके यहाँ भी कल-कारखाने खुलें, शहरों की तरह सुविधाएँ आएँ। टूरिस्ट आते हैं तो उनसे भी बहुत कुछ सीख रहे हैं।... अब वे आसानी से किसी नक्सली के कहने-समझाने में नहीं आने वाले।'' तारानन्द ने जोड़ा।

''देखो, माना कि तुम दिन-रात उनके बीच रहते हो। उन्हें अच्छी तरह जान-समझ चुके हो, मगर इतना भरोसा भी ठीक नहीं। जमीन वाला मसला है सेंसिटिव। अभी हम विचार कर रहे हैं कि कैसे उससे निपटना है। अगर ठीक से नहीं सँभाला गया तो पूरा प्रशासन उसके लपेटे में आ सकता है। एकाध दिन में सारी रिपोर्ट मिल जाएगी, फिर स्ट्रेटजी बनाते हैं। यहाँ के आदिवासियों पर कोई दबाव, कोई कड़ाई किये बगैर इस घटना के दोषियों तक पहुँचना है।... अभी इस मामले में ज्यादा कुछ कहने-सुनने की जरूरत नहीं है। यह मत भूलो कि तुम्हारे ऑर्गनाइजेशन को भी माहेश्वर फाउंडेशन का पन्द्रह लाख रुपये का अनुदान मिला हुआ है।' निर्मलेन्दु ने कहा।

तारानन्द ने गहरी साँस खींची और टेबल पर रखे अपने गिलास को गोल-गोल घुमाने लगा। उसकी नजरें गिलास पर टिकी हुई थीं।

''यह जमीन का मामला है क्या?'' मैंने पूछा।

निर्मलेन्दु ने गिलास से एक बड़ा-सा घूँट भरने के बाद बताया ''यहाँ एक जिंक प्लांट लगाने की योजना है। माहेश्वर ग्रुप नाम की एक कम्पनी है। अभी रियल स्टेट, रोड, टनल, बिल्डिंग कंस्ट्रक्शन वगैरह का कारोबार करती है। कारोबार बड़ा है। अब वह यहां जिंक प्लांट लगाना चाहती है। कोई विदेशी कम्पनी भी उसमें निवेश करने को तैयार है। उसके लिए सर्वे हो चुका है। खुद आदिवासी कल्याण मन्त्री उसे प्रमोट कर रहे हैं। क्या पता उनका या उनके किसी रिश्तेदार का भी उसमें कुछ शेयर हो।... मगर कानून के मुताबिक कोई भी कारोबरी किसी आदिवासी की जमीन खरीद

नहीं सकता। पहाड़ों और गैर-आदिवासियों की जमीन में झंझट नहीं है। इसलिए पता चला है कि जो सरपंच मारा गया वह मन्त्री के किसी आदमी के इशारे पर आदिवासियों की जमीन खरीद रहा था।..."

"अगर ऐसा है तो उस सारी जमीन की रजिस्ट्री कैंसल कर देनी चाहिए।" मैंने कहा।

"कैसे कैंसल कर सकते हैं! जमीन बेचना या खरीदना गैरकानूनी नहीं है। किसी ने अपनी मर्जी से अपनी जमीन किसी को बेची, तो वह उसका अधिकार है। जब तक यह पता नहीं चलता कि किसी बाहरी आदमी ने दबाव बनाकर या डरा-धमकाकर आदिवासियों को जमीन बेचने पर मजबूर किया, तब तक हम उसके खिलाफ कार्रवाई कैसे कर सकते हैं।..." निर्मल ने कहा।

"यार, जब आदिवासी खुद चाहते हैं कि उनके इलाके का विकास हो तो उसे रोकना चाहिए क्या? फिर विकास परियोजनाएँ हवा में तो चलेंगी नहीं। उनके लिए जमीन चाहिए कि नहीं।... लोगों को विकास तो चाहिए, मगर जमीन नहीं देंगे। आदिवासियों का विकास क्या उन्हें उनके खेत-खलिहानों, जंगलों तक सीमित रखके करना सम्भव है? लोगों के भी अजीब तर्क हैं।..." तारानन्द ने अपनी खीझ जाहिर की।

निर्मलेन्दु ने कोई प्रतिक्रया नहीं दी। वह चुप रहा।

"मगर विकास के नाम पर किसी समुदाय को उसकी जड़ों से उजाड़ना तो नहीं चाहिए।" मैंने कहा।

"यहाँ आदिवासियों को उजाड़ने की बात ही कहाँ हो रही है। अगर यहाँ कारखाना खुलेगा तो लाभ आदिवासियों को भी मिलेगा। उनके लिए रोजगार के अवसर खुलेंगें। उनकी जीवनशैली में बदलाव आएगा। अगर कारखाने का विरोध होगा तो उनके हित में कतई नहीं होगा।" तारानन्द की खीझ बढ़ती जा रही थी।

निर्मलेन्दु ने इस बहस को विराम देने की गरज से कहा, "अब तुम्हें चढ़ गयी है। बेवजह एग्रेसिव मत बनो। फिलहाल अपना ड्रिंक खतम करो, खाना खाते हैं। सुबह तुम लोगों को जल्दी निकलना भी है। आसपास राजस्थान के इलाके घूमकर परसों तक वापस आ जाना। अगले दिन देवरा का आदिवासी मेला है। अशरफ की उस मेले में दिलचस्पी ज्यादा है।..."

हमने ड्रिंक खत्म की। खाने की मेज पर आ गये। नक्सली हमले को लेकर बातें थम गयी थीं। मगर मेरे भीतर हलचल कुछ बढ़ गयी थी।

खाना खाते हुए मैंने कहा था, "यार, राजस्थान घूमने का प्रोग्राम तो कभी और बना लेंगे। अभी तो मैं यहाँ के आदिवासी समाज को देखना चाहता हूं। यही सोच कर यहां आया भी हूं।'

"वो भी दिखा देंगे।... हालाँकि अब माहौल पहले जैसा नहीं रह गया है। दो दिन बाद यहाँ आदिवासी मेला है, वहाँ तुम्हें आदिवासी समाज को देखने, उनसे मिलने का इन्तजाम करेंगे। कल तक स्थिति का सही-सही अन्दाजा भी मिल जाएगा। तब तक तुम लोग यहां के आसपास के इलाके घूमकर देख लो। मैंने तुम्हारे घूमने-फिरने का इन्तजाम कर दिया है।..." निर्मल ने कहा था।

000

अगले दिन तारानन्द का परिवार और हम राजस्थान घूमने निकल गये थे। तारानन्द रास्ते भर हल्की-फुल्की बातें करता रहा। बीच-बीच में पुराने दिनों का कोई किस्सा उठा लेता। बच्चे और नन्दिनी के साथ सफिया को यह सफर मजेदार लग रहा था। इस तरह रास्ते में रुकते-खाते-पीते, कभी अन्ताक्षरी करते तो कभी गीत गाते सफर कटता रहा।

रात को निर्मलेन्दु के बुक कराये गेस्ट हाउस में रुके। खाना शुरू होने से पहले तारा गाड़ी की डिक्की से बोतल निकाल लाया था। मैं कभी-कभार किसी खास मौके पर पी लेता हूं। नियमित पियक्कड़ नहीं हूँ। सो, तारा को बरजता रहा। मगर वह तर्क देता रहा कि यार, ठंड है, दो-दो पैग लगा लेते हैं। उसके इशरार पर मैंने हाँ कर दी थी।

कमरे की बड़ी बालकनी में टेबल और कुर्सियाँ शायद इसी मकसद से लगायी गयी थीं कि बैठकर मयनोशी या फिर धूप-बारिश वगैरह का आनन्द उठाया जा सके। हम वहीं बैठ गये। पहले पैग के बाद जब कुछ गरमी महसूस होने लगी तो उसने बात छेड़ी थी, "यार तुझसे एक मदद की जरूरत है। हम भी आदिवासियों के लिए हिन्दी में एक मैगजीन निकालना चाहते हैं। तू तो कश्मीरी युवाओं को ध्यान में रखकर पत्रिकाएँ निकालता है। बताओ, मैगजीन का स्वरूप क्या हो, उसमें कंटेंट क्या हो। बल्कि हम तो चाहते हैं कि तू ही यह काम सँभाल ले। अनन्तनाग से ही निकालते रहना। तू जैसा कहेगा, हम यहाँ से कंटेंट जुटा के मेल से भेज दिया करेंगे। तू वहाँ खुद डिजाइन वगैरह करके, छाप के कॉपियाँ डाक से यहां भेज दिया करना।"

"मैगजीन निकालना मुश्किल काम नहीं है। मुश्किल है उसे चलाते रहना।" मैंने कहा। "मैगजीन निकालने का मकसद क्या है तुम्हारा।"

"आदिवासियों को जागरूक बनाना। उन्हें अपने अधिकारों के प्रति सचेत करना। रूढ़ियों से दूर रखना।..." तारानन्द ने कहा।

"क्या यहाँ के आदिवासी इतने पढ़े-लिखे हैं कि वे पत्रिका पढ़ना पसन्द करेंगे?"

"बिल्कुल। गम्भीर मसलों पर लिखे शोधपरक लम्बे आलेख और चर्चाएँ पढ़ना वे भले न पसन्द करें, छोटे, रुचिकर समाचार, उन पर टिप्पणियाँ, रीति-रिवाजों से सम्बन्धित लेख हों तो वे जरूर पढ़ेंगे। टी.वी.-रेडियो पर समाचार सुनते ही हैं। हमने कम्युनिटी रेडियो शुरू की तो लग रहा था कि वह इन लोगों को पसन्द नहीं आएगा।

मगर अब वे इसके कार्यक्रमों में बढ़-चढ़कर हिस्सा लेते हैं। तमाम विषयों पर खुलेकर बातें करते हैं।... वे अब वैसे नहीं रह गये हैं, जैसा तुम किताबों में इनके बारे में पढ़ते हो।''

''तो क्या तुम्हें लगता है कि इस तरह उनकी संस्कृति और भाषा को बचाए रखने में मदद मिलेगी।''

''तुम भी यार फिर वही बातें ले आये। हमारा मकसद उनकी भाषा और संस्कृति को खत्म करना थोड़े न है। हमरा मकसद उन्हें देश-दुनिया के बारे में जानकारियाँ देना, जड़ मान्यताओं से दूर करना और समाज की मुख्यधारा से जोड़ना है।''

''माहेश्वर फाउंडेशन से मिले अनुदान में पत्रिका निकालने का करार भी है क्या?'' जैसे मैंने तारा की दुखती रग पर अँगुली रख दी थी।

''देखो, माहेश्वर फाउंडेशन के बल पर मैंने यहाँ इतना सारा काम नहीं फैला रखा है। पत्रिका निकालने का विचार मेरा अपना है।... और यह भी जान लो कि किसी सेठ के इशारे पर न तो काम करता हूँ, न उसके हिडेन एजेंडे को आगे बढ़ाने में मदद करता हूँ।...'' तारा की आवाज में तल्खी थी।

मुझे लगा माहौल बिगड़ने वाला है। उसे सामान्य करने के मकसद से कहा, ''यार, तू तो खामखा नाराज हो गया लगता है। मैंने इसलिए पूछा था कि अगर किसी प्रोजेक्ट के तहत पत्रिका निकालने की सोच रहे हो तो उसका मिजाज थोड़ा अलग होगा। और अगर स्वतन्त्र रूप से निकालना चाहते हो, तो उसका स्वरूप अलग बनेगा। किसी प्रोजेक्ट के तहत निकलने वाली पत्रिका में कटेंट वगैरह को लेकर बहुत सारे बन्धन होते हैं।...''

''नहीं, जबसे देवरा कांड हुआ है, लोगों को लग रहा है कि माहेश्वर फाउंडेशन का अनुदान लेने के पीछे मेरा मकसद उसके छिपे एजेंडे को आगे बढ़ाना है। उसे सपोर्ट करना है। इसलिए मुझे गुस्सा आ गया। पता नहीं लोग यह क्यों भूल जाते हैं कि हमारे सपोर्ट या विरोध करने से उस पर कोई असर नहीं पड़ेगा। हम यहाँ विरोध करेंगे, वह कहीं और कारखाना लगा लेगा। सरकार उसके साथ है। कोई विदेशी कम्पनी भी पैसा लगाने को तैयार है। सरकार तो चाहती ही है कि विदेशी पैसा आये। कल-कारखाने लगें। उसका राजस्व बढ़े।... अगर यहाँ कारखाना लगता है तो यहाँ के आदिवासियों को रोजगार मिलेगा। उनका जीवन-स्तर कुछ सुधरेगा।... तुम देखो, जमशेदपुर में स्टील प्लांट लगा तो वहां के आदिवासियों को फायदा हुआ कि नहीं। ऐसे तमाम इलाके हैं, जहां कल-कारखाने लगने से आदिवासियों के जीवन पर सकारात्मक असर पड़ा है।... आदिवासियों को क्या उनकी संस्कृति और भाषा की रक्षा के नाम पर सिर्फ नुमाइश की चीज बना कर रख देना चाहिए?' तारा की आवाज में तल्खी कुछ कम हो गई थी।

उसने दूसरा पैग बनाया।

तभी तारा के मोबाइल पर निर्मलेन्दु का फोन आया था। उसने हमारी यात्रा और गेस्टहाउस में रहने-ठहरने के इन्तजाम वगैरह के बारे में पूछने-जानने के बाद बताया कि सरपंच की हत्या में शामिल एक आदमी को गिरफ्तार कर लिया गया है। उसने दूसरे लोगों के बारे में भी सूचनाएँ उगल दी हैं। हत्यारे नक्सली नहीं, लोकल लोग ही हैं।

तारानन्द के चेहरे पर इत्मीनान था, "मैं पहले ही कह रहा था कि हत्यारे चोर-डाकू किस्म के लोग हैं। माओवादी सिद्धान्त की आड़ में अपनी गतिविधियों को अंजाम दे रहे हैं।... क्या है कि जबसे यह नक्सलवाद का हौवा खड़ा हुआ है, स्थानीय अपराधियों ने इसे ढाल के रूप में इस्तेमाल करना शुरू कर दिया है। असल आन्दोलनकारियों को पता ही नहीं कि किस तरह उनके आन्दोलन को बदनाम किया जा रहा है। वे चाहें भी तो अब इसे रोक नहीं सकते। शायद वे सोचते हैं, जो हो, इस तरह नक्सलवाद का खौफ तो बना हुआ है। सरकार पर दबाव तो बन रहा है।... हुंह! ये क्या खाक आंदोलन हुआ।..."

तारा रौ में था। मैं उसे गौर से सुन रहा था। "जानते हो अशरफ, मैं तुम्हें सरपंच की हत्या की सचाई बताता हूँ। यहाँ की पंचायत का सदस्य चुने जाने के बाद उसकी महत्त्वाकांक्षा काफी बढ़ गयी थी। आदिवासी कल्याण मन्त्री से नजदीकी हासिल कर विधानसभा में जाने के सपने देख रहा था। उसने काफी सम्पत्ति भी जुटा ली थी। अपने गाँव के विकास की फिक्र जरूर जताता रहता था, मगर विकास करता था अपना ही। वह विधायक बनने के सपने देख रहा था।... मगर यहाँ आदिवासियों की एक जातीय पंचायत भी है। जातीय पंचायत के मुखिया को सरपंच का चाल-चलन बिल्कुल पसन्द नहीं था। उसकी अलग महत्त्वाकांक्षा है। मरवा दिया नक्सलवाद की आड़ में उसने सरपंच को। निर्मल बता रहा था कि हत्यारे दो दिन से जाति पंचायत के मुखिया के घर ही टिके हुए थे।... अब बताओ, आदिवासी पहले जैसे भोले-भाले कहाँ रहे। वे राजनीति की मुख्यधारा से जुड़ना चाहते हैं और तुम हो कि उनकी भाषा, संस्कृति, जमीन की फिक्र में घुले जा रहे हो।... राजस्थान में आदिवासी समाज को देखोगे तो तुम्हारी आँखें फटी रह जाएंगी। कोई घर नहीं जिसका कम से कम एक सदस्य प्रशासन के ऊँचे पद पर न हो। खासे सम्पन्न हैं।... यहाँ के आदिवासी भी अब उन्हें देख रहे हैं।... किताबों से निकलो अशरफ मियाँ, तब जानोगे हकीकत।..."

अब हम दोनों के बीच सन्नाटा था। तारा शायद अपनी बात पूरी कर चुका था या उसका गुबार पूरी तरह निकल चुका था। मैं उसे सुनते हुए कहीं और ही चला गया था। शिवपुरी के आदिवासियों के बारे में सोचते-सोचते कश्मीर पहुँच गया था।... कश्मीर के कट्टरपन्थी नेता भी तो यही कर रहे हैं। मासूम नौजवानों को गुमराह कर अपनी राजनीति का रास्ता दुरुस्त कर रहे हैं। हुर्रियत के नेता सरकार का विरोध करते

हैं, मगर दिखाने भर को। सरकार की दी सारी सुविधाओं का लाभ उठा रहे हैं और उधर सीमा पार के निजाम से भी हाथ मिलाए रहते हैं।... सुना है, चरमपन्थी संगठन वाले नक्सलियों को भी हथियार वगैरह मुहैया कर उकसाते रहते हैं।...

तभी सिद्धार्थ ने हमें खाने के लिए आवाज दी। गेस्ट हाउस का कारिन्दा बुला गया था। हमारी ड्रिंक खत्म हो चुकी थी। अगर खाने के लिए पुकार न लगती तो शायद हमारे बीच सन्नाटा शायद इसी तरह देर तक पसरा रहता।

तारानन्द ने कहा, "चलो यार खाना खा लेते हैं। हमारी वजह से बच्चे भी नहीं खा रहे। उन्हें भूख लगी होगी।"

हमने खाना खाया और सो गये।

000

अगले दिन हमने आसपास की जगहों और वहाँ बने सोलहवीं सदी के एक किले को देखा और शाम चार बजे तक शिवपुरी लौट आये।

तारानन्द ने निर्मलेन्दु से बात करने के बाद कहा, "पहले जिस रिसॉर्ट में ठहराने का इंतजाम किया था, चलो वहीं चलते हैं। वहाँ रुकने का मजा ही अलग है। पहाड़ों के नीचे, झील के किनारे, बच्चों को बोटिंग वगैरह में मजा आएगा।... मैं तुम लोगों को छोड़ कर लौट आऊँगा, कुछ काम है। नन्दिनी और बच्चे तुम्हारे साथ रह लेंगे। एक कमरा और ले लेंगे। कल सुबह मैं हाजिर हो जाऊँगा। कल दोपहर का खाना निर्मल ने कहा है उसके साथ खाना है। फिर वहीं से देवरा आदिवासी मेले में।"

हमें रिसॉर्ट में छोड़कर, वहाँ के कर्मचारियों को हमारी देखभाल सम्बन्धी ढेर सारी हिदायतें देकर तारानन्द वापस लौट गया था। एक और कमरा ले लिया था। रिसॉर्ट पहाड़ों की तलहटी में बना था, झील के किनारे। बिल्कुल ग्रामीण मकानों की तर्ज पर बना हुआ। कमरों की छत पर खपरैल और दीवारों पर सीमेंट की ऐसी परत जैसे गोबर से लीपाई की गयी हो। लालटेनों में बल्ब लगे हुए। झील के किनारे जगह-जगह फूस की छप्पर वाली बारादरी। आसपास कुछ खेतों में सब्जियाँ उगी हुई थीं। नन्दिनी ने हमें बताया कि अगर हम चाहें तो खेतों से सब्जियाँ तोड़कर खुद भी पका सकते हैं। इस रिसॉर्ट में साल भर सैलानी आते रहते हैं। गर्मियों में तो बड़ी मुश्किल से बुकिंग मिल पाती है। यह तो जिलाधिकारी या फिर मन्त्रियों वगैरह के रिश्तेदारों-परिचितों के लिए कुछ स्पेशल कमरे हमेशा खाली रखे जाते हैं, इसलिए हमें कोई दिक्कत नहीं होती।

खैर, हम सबने चाय पी। फिर मैं झील किनारे एक बारादरी में आकर बैठ गया। बच्चे दूसरी तरफ झील में कंकड़ियाँ फेंक-फेंककर लहरों का आनन्द लेने लगे थे।

सूरज लाल हो चला था। पहाड़ों के पीछे दुबकने को तैयार। मैंने पास से गुजर

रहे एक रिसॉर्ट कर्मचारी को बुलाया था। पूछा, ''देवरा गाँव यहाँ से कितनी दूर है, जहां कल मेला लगेगा?''

उसने बाँह उठाकर उँगली से इशारा करके दिखाया, ''वो जो घर दिख रहे हैं उस पहाड़ के नीचे, वही तो है। यहां से सीधी सड़क गई है वहाँ तक जहां मेला लगता है।''

'अच्छी बात है।' मैंने कहा और फिर वह चला गया।

मैं देर तक देवरा गाँव को देखता रहा। मगर रिसॉर्ट कुछ नीचाई पर बना होने के कारण वह ठीक से देखा नहीं जा पा रहा था। इसलिए मैं रिसॉर्ट के रिसेप्शन पर गया। पूछा कि क्या छत पर जाया जा सकता है। रिसेप्शन पर बैठे कर्मचारी ने ऊपर जाने वाली सीढ़ी का रास्ता दिखा दिया।

सूरज छिप गया था। मगर उजास अभी भरपूर थी। छत से मैं देवरा गाँव को देखता रहा। कुछ कुहरे की हल्की परत छाने लगी थी और कुछ गाँव में जले अलाव-चूल्हों के धुएँ का गुबार गाँव के ऊपर तैर रहा था। पता नहीं क्यों मुझे लगा कि गाँव धधक रहा है।... मगर यह चारों तरफ धुआँ-धुआँ क्यों!... क्या वहाँ सचमुच धधक है या फिर सिर्फ धुआँ-धुआँ!...

मैं छत से नीचे उतर आया। फिर बारादरी में आकर बैठ गया। मन में बार-बार यही सवाल कुंडी खड़का रहा था कि देवरा में सचमुच धधक है या फिर सिर्फ धुआँ-धुआँ।...

एक बैरा आकर पूछ गया, ''सर ड्रिंक वगैरह कुछ लेंगे।''

मन खिन्न था। मैंने कहा, ''एक लार्ज बकार्डी रम मिल जाएगी?''

''जी सर। अभी लाता हूँ। साथ में क्या लेंगे ?''

''प्लेन नट्स।''

वह चला गया तो नन्दिनी और सफिया मेरे पास ही आकर बैठ गईं। बच्चे अब भी झील के किनारे खेलने में मस्त थे। नन्दिनी ने रिसॉर्ट के एक वाचमैन को उन पर नजर रखने की ड्यूटी लगा दी थी।

बैरे ने रोस्टेड मूँगफली की प्लेट और ड्रिंक का गिलास रखते हुए पूछा कि मैम आप लोगों के लिए कुछ। तो मैंने नन्दिनी और सफिया से पूछे बगैर उनके लिए टोमैटो सूप मँगा लिया था। सफिया ने कहा, ''यहाँ आकर क्या हो गया आपको। रोज ही लेने लगे।''

'पता नहीं, जैसे खाली बैठे हैं तो यही सही। फिर घूमने-फिरने आये हैं तो एन्ज्वाय तो करेंगे न डार्लिंग। क्या? ...''

उसने कुछ नहीं कहा। बस दोनों हँस पड़ी थीं। नन्दिनी ने हँसते-हँसते जरूर कहा था- पीने वालों को पीने का बहाना चाहिए। हमारे महाशय तो थकान मिटाने के नाम पर रोज ही गटक लेते हैं।

मैंने नन्दिनी की शिकायत पर ध्यान नहीं दिया था। एक पैग लिया तो बस वही आखिरी रहा। हम खाते-पीते बातें करते रहे। बच्चे भी हमारे पास आ गये थे। उनके लिए कुछ फिंगर चिप्स और पकौड़े मँगा लिए गये थे।

000

सुबह आलस के मारे देर से उठे। हालाँकि बैरा सुबह सात बजे ही चाय दे गया था। मगर लगभग ठंडी होने के बाद पी थी हमने।

नाश्ता खत्म होने वाला था तो बैरा हाँक लगा गया था। फटाफट बच्चों को जगाया, ब्रश किया और नाश्ते की टेबल पर पहुँचे थे। नाश्ता करके धूप में बैठने का मन था, सो सारे लोग उधर चले गये। मगर तभी तारानन्द आ गया। उसने हड़बड़ी मचा दी, ''फटाफट नहा-धो के तैयार हो जाओ। देवरा चलना है।'' क्या करते, तैयार हुए। उसने हमें गाड़ी में लादा और देवरा में एक आदिवासी के घर उतार दिया।

शायद पहले से तय था। उस घर के मुखिया ने जैसे पहले से तैयारियाँ कर रखी थीं। पाँच छह लोग जुटे हुए थे। हमारे पहुँचते ही चाय-नाश्ता हाजिर हो गया। तारानन्द ने घर के मुखिया को बताया, ''ये साहब कश्मीर से आये हैं। हमारे मित्र हैं। आप लोगों से मिलना चाहते हैं। कुछ बातचीत करेंगे।''

मगर मुझे बातचीत करने का मौका तो क्या ही मिला, एक प्रायोजित सजावटी समारोह की तरह गुजर गया वह मौका। वहाँ जो आदिवासी जन जमा थे उनसे बातचीत करने पर वही बातें सुनने-जानने को मिलीं, जो तारानन्द पहले ही मुझे बता चुका था।

कोई घंटा भर रहे होंगे वहाँ। फिर तारानन्द ने हड़बड़ी मचायी, ''चलो, अब आर्गनाइजेशन ऑफिस चलते हैं। वहाँ भी कुछ लोग मिलेंगे, बातचीत करने के लिए। नई बन रही बिल्डिंग भी देखते चलेंगे।''

तारानन्द ने काम काफी फैला रखा है। बच्चों को केवल बुनियादी शिक्षा नहीं, साथ में सोलर लालटेन, कुकर, वाटर हीटर, चूल्हा, तकिया-रजाई, दरी-गलीचे, अचार-बड़ी, जैम-जेली, लकड़ी के खिलौने, स्कूलों में इस्तेमाल हो सकने वाले पाठ्य-उपकरण, कागज की लुगदी और मिट्टी के बर्तन, सजावटी सामान वगैरह बनाने का प्रशिक्षण भी दिया जाता है। महिलाओं के लिए अलग से पाठ्यक्रम चलाये जाते हैं।... उसकी संस्था के नये बन रहे भवन को भी देखा। वहाँ बिजली की सारी जरूरतें सौर ऊर्जा से पूरी करने की व्यवस्था की जा रही थी। जल संग्रहण के लिए एक जगह बड़ा-सा भूमिगत तालाब और उसके ऊपर ओपन एअर थिएटर। पेड़-पौधों की सिंचाई के लिए ड्रिप एरिगेशन यानी बूँद सिंचाई का प्रबन्ध। कमरों का निर्माण कुछ इस तरह कि सर्दी में धूप और गरमी में हवा का भरपूर लाभ मिल सके।...

तारा के काम और योजनाएँ देखकर बड़ा अच्छा लगा। मन में जैसे कुछ जमा था,

पिघल गया। दोपहर के भोजन पर निर्मलेन्दु के घर लौट आये थे।

सरपंच की हत्या का आरोपी पकड़े जाने के बाद वह काफी सुकून महसूस कर रहा था। जब हम खाने पहुँचे तो उसने खुद वहाँ के कप्तान को फोन करके पूछा, "कैसे हैं हुजूर! अच्छा ये बताइए, आदिवासी मेले में हमारे मेहमानों के लिए इंतजाम तो हो गया है न।... हा हा हा।... ओके, गुड। थैंक यू। मिलते हैं।..."

तारा भी बिल्कुल निश्चिन्त लग रहा था।

निर्मल ने कहा, "अब चिन्ता की कोई बात नहीं है। तुम लोगों के आदिवासी मेला देखने का प्रबन्ध हो गया है। बेफिक्र होकर जाओ।... लेकिन खाना-वाना खाके फिलहाल आराम कर लो, रात को डिनर लेकर जाना यहाँ से।"

"सोच रहे थे, इन लोगों को शहर घुमा दें। भाभी कुछ खरीदारी वगैरह करना चाहती हैं। फिर रात का खाना हमारे यहाँ रखा है। वहीं से मेले में चले जाएँगे। कल इन लोगों को निकलना भी है। दोपहर डेढ़ बजे की ट्रेन है।" तारा ने कहा।

"तो चलो, कल दोपहर का खाना मेरे यहाँ रख लेते हैं। यहीं से ये लोग स्टेशन चले जाएँगे।" निर्मल ने कहा।

000

सूरज ढलने के साथ ही आदिवासी मेला शुरू हो गया था। हम पहुँचे तब तक काफी चहल-पहल हो चुकी थी। हमें एक बड़े पुलिस टावर पर बैठने का इन्तजाम किया गया था। टावर क्या था, लोहे का बड़ा-सा मचान था। साथ ही निगरानी के लिए अलग से वाच टावर बना था। मचान से मेले का पूरा दृश्य दिखाई दे रहा था। हमें नीचे, खुले में घूमने से मना किया गया था, इसलिए वहीं कुर्सियों पर बैठे देख रहे थे। तारा हमें समझा रहा था, 'यह मेला रात को ही लगता है। इसमें लड़के अपने लिए दुल्हन तलाशते हैं। लड़कियाँ जिस लड़के से शादी का प्रस्ताव रखती हैं, वह मना नहीं कर सकता।... पहले स्थानीय देवता के सम्मान में सामूहिक प्रार्थना होती और चढ़ावे चढ़ाये जाते हैं फिर शुरू होती है जश्न की रात। आदिवासी रात भर देसी दारू पीके डांस करते हैं। शराब लड़कियाँ ही परोसती हैं, लकड़ी के कटोरे से। पीने वाले खुद पलास के पत्तों से दोने बनाते हैं और उसी में शराब पीते हैं। देसी शराब। वो देखो, वहां ड्रम में शराब रखी है और पीने वाले किस तरह भीड़ लगाये हुए हैं। तुम भी चखना चाहो तो करें इन्तजाम!"

मैं चारों ओर मेले की गतिविधियाँ देख रहा था। एक तरफ बड़ा-सा मंच बना था। वहाँ 'कजरारे कजरारे' जैसे नये लोकप्रिय फिल्मी गीतों पर लड़के-लड़कियाँ थिरक रहे थे। मैंने सोचा था कि यहाँ आकर आदिवासी लोकगीत सुनने को मिलेंगे। आदिवासी संस्कृति की झलक मिलेगी, मगर निराशा ही हाथ लगी। दूर एक कोने में, मेले की बाहरी छोर पर जरूर कुछ अधेड़ और बूढ़े स्त्री-पुरुष परम्परागत गीत गा और

नृत्य कर रहे थे। मगर इधर 'कजरारे कजरारे' की धुन इतनी तेज और हमारे बिल्कुल करीब बज रही थी कि उस परंपरागत गीत की धुन हमारे कानों तक नहीं पहुँच पा रही थी। जिधर कजरारे चल रहा था, उधर मंच के पास ही कुछ युवा लड़के-लड़कियाँ अंग्रेजी शराब की बोतलें खोले पी रहे थे। वे पीते और मंच पर चढ़ जाते।... कहीं से भी आभास नहीं मिल रहा था कि हाल ही में यहाँ के सरपंच की हत्या हुई है।

मेले में पकौड़े-समोसे, जलेबी, पान-बीड़ी की दुकानों के अलावा गुब्बारे और लकड़ी के खिलौनों, लोहे के औजार वगैरह की दुकानें थीं।

बारह बजने को थे। अब हमें लौटना था। तभी कहीं गोली चलने की आवाज आयी। पूरे मेले में अफरा-तफरी मच गयी। कजरारे वाली धुन रुक गयी। उस पर थिरकते लड़के-लड़कियाँ तितर-बितर हो गये। दुकान वालों ने सामान समेटना शुरू कर दिया। इधर पुलिस टावर से लगातार घोषणा हो रही थी कि भगदड़ मत मचाइए। घबराइए मत। बिल्कुल शान्त रहिए। अगली घोषणा तक जो जहाँ है, वहीं रुका रहे। मगर घोषणा पर अमल कौन करने वाला था। अफरा-तफरी मची रही। सफिया और नन्दिनी को चिन्ता हो रही थी। तारानन्द बच्चों को समझा रहा था।

पाँच मिनट बीते होंगे कि पुलिस टावर से घोषणा हुई कि गोली चलाने वाले को पकड़ लिया गया है। घबराने की बात नहीं। एक सिरफिरे ने नशे में हवाई फायर कर दिया था। हमने देखा, चार-पाँच सिपाही एक दुबले-पतले, हड़ियल-दढ़ियल युवक को पकड़कर हमारे मंच की ओर ला रहे थे।

तब ठीक-ठीक पता नहीं चल पाया कि उसके हवा में गोली दागने का मकसद क्या था। सचमुच उसने नशे में ऐसा किया था या कोई और वजह थी।

अगले दिन जब निर्मलेन्दु के घर लंच पर पहुँचे तो उसने बताया कि वह कोई सिरफिरा था। नशे में ऐसा कई बार कर देते हैं आदिवासी युवक। कई बार तो किसी लड़की को लेकर आपस में भिड़ जाते हैं। वैसा ही कुछ मामला था।

मगर जब हम खाना खा रहे थे तो वहाँ के कप्तान का फोन आया। हमारे सामने ही निर्मल उनसे बातें कर रहा था—"देखिए, हमें इन्हें नक्सली नहीं करार देना है। ये हैं भी नहीं। जो लड़का पकड़ा गया है, उससे पता कीजिए कि किस गैंग के भेजने पर वह यहाँ आया था। इन लोगों का मकसद क्या था। मगर ध्यान रखिए कि मीडिया में यह कतई न खुलने पाये कि यह नक्सली है।... सरपंच की हत्या को भी आपसी रंजिश का मामला ही बताना है। अगर एक बार हम यहाँ नक्सलवाद की मौजूदगी मान लेंगे तो न सिर्फ ऐसी घटनाएँ बढ़ेंगी, बल्कि हर घटना को नक्सली हमला बताकर बेवजह सरकार और प्रशासन के लिए परेशानी खड़ी करने की कोशिश होगी।... ये नक्सली नहीं हैं। कितने गवाह तो मौजूद हैं, यह बताने के लिए कि यह जातीय मुखिया और सरपंच के बीच वर्चस्व की लड़ाई का नतीजा है। और हमें क्या चाहिए।... बाकी बातें बाद में करते हैं। अभी हमारे मेहमान आये हैं। डेढ़ बजे इनकी ट्रेन है।..."

बीच वर्चस्व की लड़ाई का नतीजा है। और हमें क्या चाहिए।... बाकी बातें बाद में करते हैं। अभी हमारे मेहमान आये हैं। डेढ़ बजे इनकी ट्रेन है।..."

निर्मल की बातें सुनकर मैं सोचता रहा कि देवरा में जरूर कहीं कोई चिनगारी सुलग रही है। प्रशासन उस पर पानी डालने की पूरी कोशिश कर रहा है। मगर उसे वह जगह नहीं मिल पा रही, जहाँ चिनगारी दबी है।

000

ट्रेन में बैठने के बाद बार-बार मेरे मन में एक ही सवाल दस्तक दे रहा था, क्या मैं सचमुच उन्हीं निर्मलेन्दु और तारानन्द से मिल कर आ रहा हूँ, जिनसे मिलने यहाँ आया था ?

परवाज

पहले परिचय, यानी आत्मवृत्त—बायोडाटा :

नाम : अनिरुद्ध यादव। पिता का नाम : भुलई चौधरी। उम्र : तेईस साल। वैवाहिक स्थिति : अविवाहित। हैसियतः पिता के पास करीब बहत्तर गायें, बारह बीघा खेत और गाँव में दादा-परदादा की कमाई इज्जत। पिता पेशे से किसान और पशुपालक, मगर पहलवान के रूप में विख्यात। शिक्षा : बीए, सैन्य विज्ञान के साथ द्वितीय श्रेणी में उत्तीर्ण। खेल-कूद : कबड्डी में तीन बार और वॉलीबाल में दो बार जिला-स्तरीय प्रतियोगिताओं में प्रथम। अनुभव : फिलहाल खेती और पहलवानी। पत्राचार का पता : ग्राम व पोस्ट- मलिंगा कलाँ, जिला- गाजीपुर, उत्तर प्रदेश। शौक : किताबें पढ़ना और कसरत करना। देश-विदेश की राजनीतिक और आर्थिक गतिविधियों के बारे में जानकारी जुटाना।

यही बायोडाटा लेकर अनिरुद्ध दिल्ली आया था।

इसके पहले सेना में भरती के लिए कई बार लाइन लगायी, मगर कामयाबी नहीं मिल पायी। उमर पार हो गयी। फिर साल भर तक हर हफ्ते रोजगार समाचार के पन्ने पलटे। जहाँ अपने लायक जगह दिखी, आवेदन किया। मगर कहीं काम नहीं बना। अनिरुद्ध को पता था कि बिना सोर्स-सिफारिश और चढ़ावे के सिर्फ मेरिट या फिर आरक्षण काम नहीं आते। मगर न सिफारिश के लिए सम्पर्क था, न चढ़ावे की क्षमता। सो, थक-हारकर गाँव से निकलने, किसी बड़े शहर में हाथ-पाँव मारने का संकल्प किया।

आ गया दिल्ली। मामा के लड़के अश्विनी के पास। उम्र में अनिरुद्ध से एक साल बड़ा अश्विनी यहाँ साप्ताहिक बाजारों में घूम-घूमकर सब्जी की रेहड़ी लगाता है। रिक्शे में स्कूटर का इंजन लगवा लिया है। दस-बीस लोग मिलकर सुबह-सुबह आजादपुर मंडी से सब्जियाँ उठाते हैं, उन्हें छाँट-बरा कर रेहड़ी पर सजाते और अलग-अलग दिन अलग-अलग इलाकों के साप्ताहिक बाजारों में शाम को बेचने निकल जाते हैं। दस-ग्यारह लोगों ने मिल कर पोचनपुर गाँव में साढ़े तीन हजार रुपये किराए पर एक बड़ा कमरा ले रखा है। फर्श पर ही सबके बिस्तर बिछे हैं। एक-दो

लोग घट-बढ़ जाएँ तो भी कोई फिक्र नहीं। सो, अनिरुद्ध के लिए अलग से बिस्तर बिछाने की जरूरत नहीं पड़ी।

एक तिवारी जी को छोड़कर बाकी लोगों का एक साथ भोजन बनता है। इसलिए अनिरुद्ध के लिए अलग से इन्तजाम नहीं करना पड़ा। तिवारी जी भी सब लोगों के साथ साप्ताहिक बाजार में सब्जी बेचते हैं, मगर जनेऊ और खानपान की पवित्रता का पूरा ध्यान रखते हैं। जब भी पेशाब करने जाते हैं, कान पर जनेऊ चढ़ाते हैं। भोजन अलग बनाते हैं। एक तरफ की दीवार पर तमाम देवी-देवाताओं की तस्वीरें टाँग रखी हैं। रोज सुबह नहा-धोकर धूप-बत्ती जलाते हैं।

रिक्शे-रेहड़ी खड़ी करने के लिए डेरे के पास ही सहरावत अहाता था। बड़ा-सा अहाता। बताते हैं कि पहले सहरावत परिवार के पास खूब सारी गाय-भैंसें थीं। उन्हीं के लिए यह अहाता बना था। आज भी अहाते के किनारे बने शेड में खड़ी-पड़ी चारा मशीन, कुछ हौदियाँ और कनस्तर वगैरह इस बात की गवाही देते हैं। मगर जब से यहाँ कॉलोनियाँ कटी हैं, सहरावत परिवार ने पशुपालन बन्द कर दिया है। उनके सारे खेत सरकार ने ले लिए। खूब सारा पैसा मिला। अब सहरावत परिवार डेरी का दूध-घी पीता-खाता, दिन भर लम्बी नली का हुक्का गुड़गुड़ाता और बड़ी गाड़ियों में चलता है। गाँव में तीन-चार घर बना रखे हैं, जिनमें पचासों लोग किराए पर रहते हैं। हर महीने हजारों रुपये किराए के आते हैं। अहाते में रिक्शे-रेहड़ी खड़ी करने की भरपूर जगह है। पचास-साठ रेहड़ी-रिक्शे खड़े होते हैं। फी रिक्शा-रेहड़ी सौ रुपये महीना देना पड़ता है। अश्विनी और उसके साथियों को यह किराया ज्यादा तो लगता है, मगर निश्चिन्तता है कि रिक्शा-रेहड़ी चोरी होने का भय नहीं रहता। इसी गाँव में जिन किराएदारों के पास यह सुविधा नहीं है, उन्हें गली-नुक्कड़ पर कहीं जंजीर से बाँधकर रिक्शा-रेहड़ी खड़ी करनी पड़ती है। ऐसे में आये दिन मकान मालिक या फिर गाड़ी निकालने में मुश्किल होने पर पड़ोस के घर वालों की गालियाँ सुननी पड़ती हैं। रिक्शे-रेहड़ी की चोरियाँ होती रहती हैं।

जिस दिन अनिरुद्ध, अश्विनी के कुनबे में शामिल हुआ, दोपहर को दाल-भात, रोटी-तरकारी और खूब सारा सलाद खाने को बना था। सबने मिलकर खाया था। शाम को सब लोग रिक्शा-रेहड़ी लेकर किसी साप्ताहिक बाजार के लिए निकल गये तो अनिरुद्ध खाली घर में जमकर सोया। शाम को छह बजे नींद खुली तो थकान उतर चुकी थी। कमरे में ताला मार के बाहर घूमने निकला। आसपास का माहौल देखा, लोगों से बात की। मगर अपने लिए किसी काम की गुंजाइश नहीं तलाश पाया। तभी तय किया कि पहले तो वह दिल्ली देखेगा, दिल्ली का रंग-ढंग देखेगा, फिर काम का फैसला करेगा।

सो, आने के अगले दिन से ही अनिरुद्ध ने दिल्ली को देखना शुरू कर दिया। सबसे पहले लाल किला देखा, उसके आसपास का व्यापार देखा। उसमें अपने घुसने

की जगह तलाशी, नहीं दिखी। वहाँ से लौटते हुए इंडिया गेट देखा। वहाँ लोग तो दुनिया भर के, मगर कोई कारोबार उसके लायक नहीं। अगले दिन लाजपत नगर, सरोजनी नगर, आल इंडिया मेडिकल देखा, मगर मन का रोजगार नहीं दिखा।

चौथे दिन नेहरू प्लेस देखने के बाद अनिरुद्ध जब अश्विनी के डेरे पर लौट रहा था, सात सौ चौंसठ नम्बर बस में बैठ-बैठे उसने फैसला किया कि अश्विनी से कहीं नौकरी के बारे में बात करेगा। मगर डेरे पर लौटने के बाद माहौल कुछ अलग नजर आया।

दरअसल, सुबह जब अनिरुद्ध दिल्ली दर्शन के लिए निकला था, सहरावत परिवार के मुखिया ने आकर सूचना दी थी कि जिस अहाते में अश्विनी का कुनबा अपने रिक्शा-रेहड़ी खड़े करता है, उसे रिलायंस कम्पनी को बेच दिया गया है। अब कम्पनी वहाँ रिलायंस फ्रेश नाम से सब्जी-भाजी, फल-फ्रूट की दुकान बनाएगी। इसलिए अगले महीने से रिक्शा-रेहड़ी खड़ी करने की दूसरी जगह तलाश लो। इसे लेकर अश्विनी और उसके साथी थोड़े चिन्तित थे। मगर यह चिन्ता देर तक नहीं रही। दूसरे दिन ही अश्विनी कुनबे का एक सदस्य इस समस्या का हल निकाल लाया था। गाँव से बाहर, सड़क किनारे चाय की गुमटी वाले ने अपने बगल वाली दिल्ली विकास प्राधिकरण की खाली जमीन की तरफ उसका ध्यान दिलाया था। मुफ्त की पार्किंग। चोरी का खतरा तो था, मगर उसका हल यह निकाला गया कि एक मोटी-लम्बी जंजीर से सभी रिक्शा-रेहड़ियों को बाँधकर रखा जाये। फिर चाय वाले ने कुछ पैसे लेकर अपना एक छोकरा उन रेहड़ियों की निगरानी में लगाने का भरोसा दिला दिया था। इस तरह अश्विनी कुनबे का माहौल फिर सामान्य हो गया था।

उसके अगले दिन अनिरुद्ध ने अश्विनी से कहा, "भइया, अब कई दिन हो गये। केतना दिन बोझ रहेंगे आप पर। कहीं किसी को जानते हों तो मेरे लिए नौकरी की बात कीजिए न। देख लिया मैंने दिल्ली, कौनो काम नहीं बुझा रहा है हमको तो।"

अश्विनी ने कहा था, "धुत, बोझ काहें रहेंगे महराज हमारे ऊपर, आयं! घूमिए-फिरिए, देखिए, काम समझ में आएगा। दिल्ली बहुत बड़ी है। काम की कमी थोड़े न है। एतना पढ़े-लिखे हैं आप, आपके लिए काम की कमी थोड़े न है यहाँ पर। जहां मन को जँचे वहीं हाँ बोलिएगा। हड़बड़ी में कौनो फैसला करने की जरूरत नहीं है।..."

"अरे कोई परिचित भी तो होना चाहिए। बिना परिचय के अच्छा काम मिलना मुश्किल है। आप किसी को जानते हैं तो बात कीजिए न।" अनिरुद्ध ने अनुरोध किया।

"अरे हम तो सब्जी-तरकारी बेचते हैं, हम आपके लायक कहां नौकरी तलाश पाएँगे। किससे कहें। हम किसी बड़े आदमी को जानते भी हैं तो साप्ताहिक बाजार

के ठेकेदार लोग को। चलिए, आप कहते हैं तो उनसे बात करके देखते हैं।...'' अश्विनी ने अपनी मजबूरी जतायी।

दोनों की बातें सुन रहे तिवारी जी ने खैनी मलते हुए सुझाव दिया, ''अरे महराज, काहें नहीं एक ठो रेक्सा-रेहड़ी किराए पर लेके हम लोगों के साथ ही काम शुरू कर देते। ढेर इधर-उधर माथा मारने का कौनो फैदा नहीं। नौकरी में नौकरे न बनके रहिएगा।...''

''धुत तिवारी जी, आपो न गजबे बात करते हैं। अरे महराज, ई ढेर पढ़े-लिखे हैं, देखते नहीं केतना सुकुआर हैं। हम सबका काम थोड़े न करेंगे।'' अश्विनी ने टोका था।

अश्विनी की बात सुनकर अनिरुद्ध मन ही मन हँसा। काहे का सुकुआर। एतना हट्ट-कट्टा, पहलवानी का शरीर इनको सुकुआर लग रहा है।... स्नेहिल आँखें ऐसे ही देखती हैं।

मगर तिवारी जी ने प्रतिवाद किया, ''काहें, का खराबी है इस काम में। पढ़ा-लिखा लोग तो अइसा-अइसा काम कर रहा है कि देख के सरम आता है। हम लोग तो फिर भी इज्जत का काम करते हैं। हम इनको रेक्सा खींचने, कौनो चोरी-चकारी करने को थोड़े न कह रहे हैं।...''

''अरे देखते हैं, कौनो नौकरी देखते हैं। कहीं काम नहीं बनेगा, तब सोचेंगे कुछ और।'' अश्विनी ने जैसे बात को विराम दिया था।

उस पूरे दिन अनिरुद्ध कमरे में पड़ा रहा। जब सारे लोग बाजार के लिए निकल पड़े तो उसने कमरे में लगा चौदह इंच का एलसीडी टी.वी. चला दिया। 'कौन बनेगा करोड़पति' का रिपीट शो आ रहा था। वह उस कार्यक्रम को देखता रहा। उसमें उस दिन एक ऐसा युवक आया था जो बीए पास करने के बाद बहुत समय तक नौकरी ढूँढ़ता रहा, मगर नहीं मिली तो उसने मुहल्ला-मुहल्ला फेरी लगा के सब्जी बेचनी शुरू कर दी थी। उसे अपने काम को लेकर कोई शर्म नहीं थी।

वह कार्यक्रम देखकर अनिरुद्ध को प्रेरणा मिली, उसने अपने बाजुओं की ताकत महसूस की। वह इस मन्त्र का मतलब समझ पाया कि कोई भी काम छोटा नहीं होता, आदमी मेहनत करे तो कामयाबी उसके कदम चूमती है। इसी हौसले के साथ उसने दिल्ली में झंडा गाड़ने का संकल्प किया था।

हौसला और हिम्मत की कमी तो अनिरुद्ध में कभी नहीं रही। विज्ञान विषय लेकर प्रथम श्रेणी में बारहवीं पास की तो पूरे इलाका, खासकर मलिंगा कलाँ का अहिरान उसमें ढेर सारी सम्भावनाएँ देखने लगा था। अनिरुद्ध के सपने भी सर्दी के फूलों की तरह चटकीले रंग बिखेरने लगे थे। मगर किसी चतुर-सुजान, दुनिया देखे व्यक्ति ने समझाया कि आगे का रास्ता आसान नहीं है। बी-एससी कर भी लोगे तो

क्या मिलेगा। कोई तकनीकी पढ़ाई करो। इंजीनियरिंग के लिए कोशिश करो। मगर उसमें दाखिला भी आसान कहाँ है। सारी बाजी दिल्ली, मुम्बई, कोलकाता, चेन्नई के बच्चे मार ले जाते हैं। गाँव-गिराँव के बच्चे तो इक्का-दुक्का ही पहुंच पाते हैं। फिर इतने सारे लड़के हर साल इंजीनियरिंग की डिग्री लेकर निकल रहे हैं कि इसमें भी पहले जैसी स्थिति नहीं रह गयी है। ओवरसीयरी यानी इंजीनियरिंग का डिप्लोमा करना तो आज के समय में बेवकूफी है। जब इंजिनियरिंग की डिग्री लिए बच्चों की पूछ नहीं है तो डिप्लोमा वालों को कौन पूछता है।... फिर अब प्राइवेट कम्पनियों में ही इंजीनियरों के लिए जगह रह गयी है। सरकारी नौकरी का तो टोटा पड़ा हुआ है। सरकारें भी ठेके पर नौकरियाँ देने लगी हैं। और इंजीनियर की नौकरी उसी को मिलती है, जो गिटपिट अंग्रेजी बोलता है। इसलिए व्यावहारिक रास्ता अपनाओ। छोड़ दो विज्ञान की पढ़ाई। सैन्य विज्ञान पढ़ो। इसमें सरकारी नौकरी की गुंजाइश ज्यादा है। हर स्कूल में पीटी टीचर की जगह होती है और इसके लिए ट्रेंड टीचर्स की कमी है। सैन्य विज्ञान पढ़ के बीपीएड की ट्रेनिंग कर लो और किसी स्कूल में चिपक जाओ। गाँव के आसपास ही पोस्टिंग होगी। पैसा इफरात मिलेगा। घर में रहो, खेती करो, कसरत करो, सेहत दुरुस्त रखो, कभी-कभी स्कूल चले जाओ। मौज की जिन्दगी। नहीं तो सेना में नौकरी तो कहीं नहीं गयी। सेना में नौकरी मिल गयी तो इतनी सुविधाएँ मिलती हैं कि मौज रहेगी।... अगर मगजमारी करके संजोग से अच्छी नौकरी पा भी जाओगे तो न समय से खाने का ठिकाना, न सेहत की चिन्ता। ऐसी भी नौकरी का क्या फायदा जिसमें सेहत गवाँकर खाली पैसा कमाओ।...

बस, अनिरुद्ध ने संकल्प लिया और विज्ञान का मोह त्यागकर सैन्य विज्ञान में ध्यान लगा दिया। घर में दूध-दही की कमी नहीं। खूब खाना, कसरत करना और पढ़ाई करना। भुलई चौधरी जनम के भोले। उन्हें क्या पता कि बेटे ने विज्ञान छोड़कर आर्ट्स का रास्ता लिया है तो उसके क्या फायदे-नुकसान हो सकते हैं। वे तो सदा अपनी गाय-भैसों और खेतों में मस्त-व्यस्त रहे। इकलौता बेटा। उसके नीचे तीन बेटियाँ। इसलिए उनकी चिंता बेटियों के विवाह को लेकर ज्यादा बनी रहती। दूध-घी बेचने और खेती से बचे पैसे को जोड़-जोड़कर बैंक में जमा करते रहते। आजकल ठीक-ठाक शादी करनी हो तो खर्चा बहुत आता है न! बेटियाँ ज्यादा पढ़ी-लिखीं नहीं तो क्या, उन्हें किसी ऐरे-गैरे के साथ थोड़े न बाँध देंगे।

जिस साल अनिरुद्ध ने बीए पास किया, उसी साल भुलई चौधरी ने बड़ी बेटी की शादी तय कर दी थी। शादी में खर्चा इतना हुआ कि सारी जमा-पूँजी स्वाहा हो गयी। उधर बड़ी बेटी विदा हुई और इधर भुलई चौधरी और उनकी पत्नी को दिन-रात बाकी दो बेटियों की चिन्ता सताने लगी। कहाँ से आएगा इतना पैसा। इतना दान-दहेज देना पड़ता है आजकल।... माँ-बाप की चिन्ता देखी नहीं जा रही थी अनिरुद्ध से। बड़ा बेटा होने के नाते पिता की चिन्ता में हिस्सेदार होना उसका फर्ज था। इसलिए वह जल्दी कोई

नौकरी पा लेना चाहता था, ताकि पिता के कन्धे का बोझ कुछ कम कर सके। मगर गाँव में रहते नौकरी का कोई सिलसिला नहीं बन पाया। इसलिए घर की जिम्मेदारी का अहसास लिए वह दिल्ली आ गया। मन में विश्वास था कि वह इतना तो जरूर कमा लेगा कि बहनों की शादी शान से कर और गाँव का घर पक्का करा सके।

इसलिए दिल्ली में ज्यादा समय बर्बाद करने के बजाय कौन बनेगा करोड़पति से प्रेरणा लेकर उसने पटरी कारोबार में उतरने का फैसला किया। शाम को घूमने-टहलने निकला। उसे नये बने मॉल के बाहर कोने पर एक पेड़ के नीचे की जगह ने ध्यान खींचा। वह वहीं ठहर गया। आसपास की जगहों को देखा। सामने स्कूल, कुछ दूरी पर कोठियों के लिए खाली प्लॉट। मन ही मन अनुमान लगा लिया कि जब ये कोठियाँ बन जाएँगी, मॉल पूरा भर जाएगा और स्कूल में चहल-पहल बढ़ेगी तो यह जगह गुलजार हो जाएगी।... अब भी यहाँ रोजगार शुरू करना बुरा नहीं है। दिन भर मजदूरों की भीड़ लगी रहती है।... यहीं एक रेहड़ी पर चाय-पान, चावल-छोले, पराँठे वगैरह का कारोबार शुरू करें तो चल पड़ेगा। फिर, जो पहले जहाँ पाँव टिकाता है, उस जगह पर उसका दावा उतना ही बढ़ जाता है। अभी इस जगह पर किसी की नजर नहीं गयी है।... बस वहीं खड़े-खड़े अनिरुद्ध ने सारे खर्च और कमाई का अनुमान लगा लिया। पराँठे-सब्जी की कीमत कितने रुपये प्लेट रखेंगे, चावल-छोले की कीमत क्या होगी, चाय-समोसे का रेट क्या होगा, वगैरह। साप्ताहिक बाजार में घूम-घूमकर सब्जी-भाजी बेचने से अच्छा यही रोजगार है। न ज्यादा दूर जाना है, न फालतू की हाँव-हाँव, काँव-काँव। फिर संकल्प किया कि वह यहीं रोजगार शुरू करेगा।

लौट आया डेरे पर। इन्तजार करने लगा अश्विनी के आने का। घड़ी पर नजर डाली, अभी कम से कम तीन घंटे बाद ही अश्विनी आएगा। मन उद्विग्न था। वह जल्दी अश्विनी को अपनी योजना बता देना चाहता था। क्या करे! टी.वी. देखने का मन नहीं हो रहा था। निकल आया एक बार फिर कमरे से बाहर। गली के नुक्कड़ पर गुमटी में मालकिन की दुकान पर बैठ गया। अश्विनी कुनबे के ज्यादातर लोग यहीं चाय पीते थे। वे सब दुकान चलाने वाली महिला को मालकिन कहकर बुलाते थे। पता नहीं कब किसने इसे मालकिन बुलाना शुरू किया होगा, अब तो जैसे उसका नाम ही मालकिन पड़ गया है। हालाँकि उमर ज्यादा नहीं है, अनिरुद्ध से बड़ी नहीं होगी, होगी भी तो एक-दो साल से ज्यादा नहीं।

अनिरुद्ध ने मालकिन से एक कप चाय लेकर वहीं पड़े, दिन भर पचासों हाथों में गुजरने की वजह से गुचड़-मुचड़ चुके, बेतरतीब हो चुके पन्नों वाला पंजाब केसरी पढ़ने लगा। चाय पीते हुए बीच-बीच में मालकिन को काम करते देखता रहा। आखिर उसे भी यही धन्धा शुरू करना है, इसलिए वह इस काम को ठीक से जान-समझ लेना चाहता था।

चाय पी चुकने के बाद उसने मालकिन से बातचीत शुरू की। कौन-सा सामान

कहाँ सस्ता मिलता है। वह दूध कहाँ से लाती है, चाय पत्ती कौन-सी इस्तेमाल करती है। एक किलो चाय पत्ती में कितने कप चाय बनती है। कितनी लागत में कितना मुनाफा हो जाता है, आदि।...

रात को जब अश्विनी कुनबा लौटा और भोजन की तैयारियाँ शुरू हो गयी तो अनिरुद्ध ने अश्विनी से कहा, "भइया, हमने तय किया है कि नौकरी-चाकरी का चस्का छोड़ के बिजनेस शुरू करूँ। आज एक जगह देखी है। वहाँ रेहड़ी लगाना शुरू करूँ तो काम चल निकलेगा। कल सुबह थोड़ा समय निकालिए तो आपको वह जगह दिखाऊंगा।"

"अरे, एतना हड़बड़ी काहें मचाए हैं भाई। एकाध हफ्ता रुकिए न, देखते हैं कौनो काम। रेहड़ी-पटरी का काम आपके बस का नहीं है।..."

"अरे ऐसा कुछ नहीं है। कोई काम बुरा नहीं होता। आदमी मेहनत, लगन और ईमानदारी से करे तो बरकत तो मिलती ही है। गाँव का बात और है, शहर में काम का कौन-सा भेदभाव। नुक्कड़ वाली मालकिन को देखिए, मैथिल ब्राह्मण है, मगर चाय बेचती है।..."

"का करने का सोचे हैं ?"

"चाय-समोसा, छोले-चावल, पराँठे वगैरह की दुकान।"

"कर पाएँगे ऊ सब! पता नहीं कौन-कौन जात का लोग खाये-पीएगा, सबका जूठा बरतन धोएँगे आप?... फिर पुलिस आ एमसीडी वाला रोज तंग करता रहेगा। सोच लीजिए एक बार ठीक से। मत पड़िए ई सब चक्कर में। नौकरी-चाकरी कीजिए।" अश्विनी ने समझाया।

"अरे, ऊ सब कौनो परेसानी का बात नहीं है। काम बढ़ेगा तो एकाध आदमी रख लेंगे। पुलिस, एमसीडी वाला तो पैसा खाके मुँह बन्द कर लेगा। फिर साल-छह महीना वहाँ रेहड़ी लगा लिया तो कोई नहीं हटाएगा। स्थायी मामला हो जाएगा।... सब घूम-फिर के पता कर लिया है। और एक बात आपको बताऊँ, खाने-पीने का घन्धा ऐसा है जो ठीक से करो तो दुनिया भर में कहीं भी घाटा नहीं देता।' अनिरुद्ध ने दृढ़ता जाहिर की।

"फिर भी हम तो ईहे कहेंगे कि सोच-समझ लीजिए ठीक से। नहीं तो कौनो ऊँच-नीच होगा तो फूफा भी कहेंगे कि तुम वहीं थे, अनिरुद्ध को रोका काहें नहीं।' अश्विनी ने समझाया।

'अरे, ऐसा कहने का मौका ही नहीं मिलेगा किसी को।... इस धन्धा में आठ-दस हजार रुपये का खर्चा आएगा। दू हजार तो है हमरे पास। घर से पैसा मँगाना नहीं चाहता। आप तो बस इतना बताइए कि क्या कहीं से कुछ पैसों का इन्तजाम हो पाएगा?' अनिरुद्ध ने अपना संकल्प दोहराया।

"देखिए रेहड़ी भर के पैसे का तो इन्तजाम मैं कर दूँगा। रेहड़ी अभी नयी लेने की जरूरत नहीं है। कोई बढ़िया-सी पुरानी रेहड़ी देखता हूँ आपके लिए। बाकी दो हजार में आप कुछ बर्तन और स्टोप वगैरह खरीद लीजिए। कुछ पैसों की और जरूरत पड़ेगी तो किसी और से माँग लेंगे। नहीं तो चार रुपया सैकड़ा महीना पर कर्जा मिल जाता है, मकान मालिक से।" अश्विनी ने उपाय सुझाया।

"बस ठीक है। बुधवार को आपकी छुट्टी रहती है, उसी दिन सामान वगैरह खरीद लेंगे। शुक्रवार से काम शुरू।" अनिरुद्ध ने कहा।

000

अनिरुद्ध ने काम शुरू किया तो चल निकला। एक दिन दोपहर को मोटरसाइकिल से गश्त लगाते दो सिपाही वहाँ रुके थे, "के भई, यो जमीन तेरे ताऊ की सै के? जमा लिया ठेला यहाँ।..." उनमें से एक सिपाही ने डाँटा था।

अनिरुद्ध ने हाथ जोड़े। फुसफुसा कर कहा, "बाऊजी, पढ़े-लिखे हैं हम, नौकरी कहीं मिलती नहीं। बड़ी मुश्किल से शुरू किया है यह काम। आप लोग मदद करेंगे तो रोजी चल जाएगी मेरी।" बात करते हुए अनिरुद्ध ने महसूस किया कि अब वह काफी कुछ दिल्ली की भाषा सीख गया है।

"पढ्ढा-लिक्खा सै तो के यो नहीं पढ्ढा कि जो तू कर रया सै वो गैरकानूनी सै? के भाई? घणा चौधरी बन रया तू।" दूसरे सिपाही ने कहा।

"अरे नहीं सर, ऐसी कोई बात नहीं। मैं तो बस आपसे इजाजत माँग रहा हूँ।" अनिरुद्ध गिड़गिड़ाया।

"हम के चीफ मिनिस्टर लाग रए सैं यहां के, जो तू हमसे इजाजत मांग रया सै।" सिपाही ने झिड़का।

"हमारे लिए तो आप ही चीफ मिनिस्टर हैं। चीफ मिनिस्टर थोड़े न रेहड़ी हटवाने आएँगी।" अनिरुद्ध बोला।

"हूँ, स्याँणा तो बहुत है तू।... अच्छा यो बता, के के बनावे है भाई तू ?"

"जी, चाय-समोसा, दोपहर को चावल-छोले, पराँठे वगैरह।"

"पराँठे किस चीज ते बनावे है, भाई?"

'अभी तो सिर्फ आलू प्याज के बनाता हूँ। जाड़े में गोभी, मूली वगैरह के भी शुरू करने का इरादा है।... अभी यहाँ खाने वाले ऐसे नहीं हैं कि वेराइटी रखूँ।'

फिर सिपाही ने कहा, 'भाई यहाँ खड़े होने के पैसे लाग सैं। पता सै के ना!'

"सर आप जो हुकुम करें।"

"महीने का एक हजार।"

"सर, अभी तो नया काम शुरू किया है। यह इलाका भी ठीक से बसा नहीं है।

आमदनी इतनी है नहीं। एक हजार ज्यादा है। काम बढ़ेगा तो भले कुछ पैसे बढ़ा लें।''

''तो फिर तो यो काम तैने बन्द करना पड़ेगा भाई।''

'सर, इस तरह तो मैं बेरोजगार हो जाऊँगा।'

खैर, बड़ी हुज्जत-मिन्नत के बाद बीस रुपया रोज यानी छह सौ रुपये महीने पर मामला निपटा। जाते-जाते पुलिस वाले यह भी बता गए कि ''एमसीडी वाला आएगा। कैलास है, कैलास यादव, इस इलाके का एमसीडी इंस्पेक्टर। बता दियो, म्हारा नाम। जो कहे उससे भी तय कर लियो। फिर कोई परेसानी ना होगी तैने।''

अनिरुद्ध ने सिपाही की छाती पर टंकी पट्ट पर उसका नाम पढ़ा- सतपाल सिंह।

डेरे पर पहुंचकर अनिरुद्ध ने पुलिस से हुई सौदेबाजी के बारे में अश्विनी को बताया। अश्विनी ने तसल्ली दी, ''एतना तो हम भी देते हैं साप्ताहिक बाजार में। बीस रुपया रोज। फिर लाइट-वाइट मिलाकर चालीस ही पड़ जाता है रोज के। इसलिए, आपको महँगा नहीं पड़ रहा है।''

उसके दो दिन बाद ही आ गया था कैलाश यादव। उससे भी हुज्जत हुई। मगर पुलिस वालों की तरह देर तक नहीं। मामला जाति-बिरादरी के नाम पर जल्दी ही निपट गया। जो पुलिस वालों ने रेट तय किया था, मामला उसी पर छूटा। जाते-जाते कैलाश यादव ने बताया कि वह भी बलिया का रहने वाला है। कोई परेशानी की बात नहीं, अपने इलाके की बात है।

इस तरह अनिरुद्ध का कारोबार चल पड़ा। तीन महीने थोड़ा मुश्किल से गुजरे। उसके बाद कर्ज भी सिर से उतर गया। सारा खर्चा काटकर, पुलिस-एमसीडी को देकर बचत होने लगी। चौथे महीने उसने बाबूजी को दो हजार रुपये मनीआर्डर किया था, गाँव। अब मन लग गया था उसका काम में। पाँचवें महीने में उसने एक छोकरा रख लिया था, खाना-पीना के साथ एक हजार रुपये महीना पर, बर्तन वगैरह धोने के लिए।

मगर एक नई परेशानी आ खड़ी हुई। जिस घर में अश्विनी कुनबे के साथ वह किराए पर रहता था वह घर भी सहरावत परिवार ने किसी बिल्डर को बेच दिया। वहां फ्लैट बनाकर बेचने की योजना थी। अब अनिरुद्ध के रहने की मुश्किल। पूरा अश्विनी कुनबा किराए का घर तलाशने में जुट गया था। तब अनिरुद्ध ने समझा कि रेहड़ी लगाने के लिए जमीन तलाशने से ज्यादा कठिन है, किराए का घर ढूँढ़ना।... खैर, एक कमरा मिला, मगर पहले जैसी सुविधाएँ उसमें नहीं थीं। एक तो वह गाँव में काफी भीतर जाकर था। दूसरे, उसमें हर समय अँधेरा रहता था। आकार भी पहले वाले से छोटा, मगर किराया उससे पाँच सौ रुपये ज्यादा। मजबूरी थी, तय हो गया। यह इलाका छोड़ कर जाने का मतलब था, रोज पाँच-दस किलोमीटर खामखा पैदल

चलना या फिर रिक्शा खींचना। इसलिए कमरे की गुणवत्ता के साथ समझौता कर लिया गया।

000

धीरे-धीरे आसपास आबादी बसने लगी थी। कुछ चहल-पहल शुरू हो गयी। इस तरह अनिरुद्ध की बिक्री भी बढ़ने लगी। अनिरुद्ध खुश था अपने फैसले से।

मगर यह खुशी बहुत दिन नहीं रही। कुछ दिनों बाद ही राष्ट्रमंडल खेलों की तैयारियाँ शुरू हो गयी थीं। दिल्ली की मुख्यमन्त्री जब-तब दावे कर रही थीं कि वे इस शहर को सिंगापुर की तरह बना देंगी। चारों ओर साफ-सफाई, मरम्मत, सजावट चालू हो गयी। जैसे-जैसे खेल के दिन नजदीक आते गये, दिल्ली हर दिन कुछ साफ-सुथरी लगने लगी।

इन्हीं तैयारियों के दौरान एक दिन अनिरुद्ध की रेहड़ी के पास एमसीडी और पुलिस की गाड़ियाँ साथ-साथ आकर रुकीं। उस समय कई ग्राहक चावल-छोले या फिर पराँठे के लिए खड़े थे। गाड़ी में से पुलिस और एमसीडी के अफसर उतरे। उन्होंने अनिरुद्ध से कोई बात नहीं की। सीधे कर्मचारियों को सम्बोधित किया, 'उठा लो भाई रेहड़ी।' फिर वहाँ खड़े ग्राहकों को फटकारा, 'चलो, हटो भाई यहाँ से, निकलो फटाफट।'

अनिरुद्ध उन अफसरों-कर्मचारियों में सतपाल सिंह और कैलाश यादव को तलाश रहा था, जो हर महीने उससे पैसे ले जाते थे। मगर वे कहीं नहीं दिखे। अनिरुद्ध नये आए अफसरों से गुहार लगाता रहा, कैलाश यादव और सतपाल सिंह का हवाला देता रहा, जो हर महीने पैसे ले जाते थे। मगर सब अनसुना। कर्मचारियों ने सामान सहित अनिरुद्ध की रेहड़ी ट्रक पर चढ़ा दी थी। एक सिपाही ने उसकी बाँह पकड़ कर कहा, 'चल भाई तू भी बैठ गाड़ी में।' अनिरुद्ध हाथ जोड़ कर गिड़गिड़ाता रहा, मगर किसी ने उसकी बात नहीं सुनी। गाड़ी में बिठा लिया।

गाड़ी चली तो एक सिपाही ने पूछा, ''बिहार के हो?''

''जी नहीं, यूपी का। बनारस से थोड़ा आगे, गाजीपुर।'' अनिरुद्ध ने जवाब दिया।

''बिहार ही हुआ वो भी। खैर, देख भाई, खेल की वजह से सिक्योरिटी टाइट है। सरकार का आर्डर है। जो भी दिल्ली से बाहर का है, उसे बाहर भेजने का। तो तुझे भी यह शहर छोड़ना पड़ेगा।'' फिर उस सिपाही ने अपनी बगल में बैठे सिपाही से कहा, 'दे भाई इसने पचीस रुपये किराए-भाड़े के।''

उस सिपाही ने पैसे देने के बजाय तर्क किया, ''इसने पैसे की के जरूरत। यो तो खुद साहूकार सै।''

''यो बात भी सही सै।... तो मेरी बात ध्यान से सुन भाई। यहाँ से सीधा स्टेशन

जा और जो गाड़ी मिले तुम्हारे गाँव की, उसने पकड़ के लिकड़ जा गाँव। और फिर इधर दिखना नहीं। अगर फिर दिखा इधर तो बात नहीं करूँगा, सीधा बन्द कर दूँगा। समझे।'' उस सिपाही ने धमकाया।

फिर पुलिस ने उसे एक बस स्टैंड पर छोड़ दिया।

उस बस स्टैंड पर खड़ा-खड़ा अनिरुद्ध तमाम पहलुओं पर सोचता रहा। रेहड़ी जब्त होने का दुख था, सो था। आगे की चिन्ता भी घेरे हुए थी। क्या करे, क्या न करे। गाँव जाना तो अपनी हँसी उड़वाना होगा। फिर पिता के कन्धे का बोझ हल्का करने का उसका संकल्प।...

खैर, अनिरुद्ध ने तय किया कि वह डेरे पर जाएगा। वहाँ सब लोगों से विचार-विमर्श करके आगे का रास्ता तलाश करेगा।

फिर उसे वापस जाने की जो भी बस मिली उसमें चढ़ गया। बस में भीड़ नहीं थी। एक सीट पर बैठ गया। इस बार वह शहर को नये सिरे से देख रहा था। मानो पहली बार देख रहा हो। शहर के तमाम कारोबार, तमाम चेहरे मन में तैरते रहे। वह सोचता रहा कि उससे गलती कहाँ हुई। फिर अफसोस कि कहीं नौकरी ही कर लेता तो अच्छा था। बार-बार अश्विनी और बाबूजी का चेहरा उभर रहा था। तभी उसे 'बालाजी प्रॉपर्टीज' के मनीष का ध्यान आया था। मॉल में मनीष की दुकान और सामने की पटरी पर अनिरुद्ध की दुकान लगभग साथ-साथ खुली थीं। तब मॉल में एक भी दुकान नहीं थी। इस तरह मनीष से पहले ही दिन से नाता जुड़ गया था। दिन भर में बीस-पच्चीस कप चाय तो उसकी दुकान में पहुँचानी ही पड़ जाती। मनीष का आर्डर है, जब भी कोई ग्राहक आये, बिना कहे चाय पहुँचा जाया कर।

मनीष से अनिरुद्ध का नाता तब और गहरा गया था जब कोई किराए का मकान ढूँढ़ते आता और अनिरुद्ध से पूछता तो वह सीधा उसे मनीष के पास ले जाता। अब तक वह मनीष के जरिये चार-पाँच लोगों को किराए का मकान दिला चुका था। हर मकान के कमीशन में से अनिरुद्ध को एक हजार रुपये भी मिले।

यह सब सोचते-विचारते अनिरुद्ध को विश्वास हो गया कि इस संकट की घड़ी में मनीष जरूर उसकी मदद करेगा। यहाँ के विधायक के साथ तो उसका रोज का उठना-बैठना है। एसएचओ से भी जान-पहचान है उसकी। मनीष फोन घुमाएगा और उसकी रेहड़ी वापस दिला देगा।

बस, वह सीधा मनीष के पास पहुँच गया। उस वक्त मनीष कहीं निकला था। अनिरुद्ध ने उसे फोन किया तो वह पन्द्रह-बीस मिनट में आ गया। मनीष को अनिरुद्ध की रेहड़ी उठ जाने की खबर थी।

''मनीस भैया, कुछ करो। रेहड़ी तो वापस दिला दो। आप चाहोगे तो सब हो जाएगा। यहाँ रेहड़ी लगाने की इजाजत भी मिल जाएगी।'' अनिरुद्ध गिड़गिड़ाया।

"देख भाई, ये मामला है मुश्किल। तेरी रेहड़ी पुलिस वाले नहीं, स्पेशल टीम वाले ले गये हैं। खेल की वजह से पूरी दिल्ली में सख्ती है। कोर्ट का आर्डर है। चीफ मिनिस्टर ने स्पेशल टीमें बनायी हैं इसके लिए। कितनी झुग्गी-झोंपड़ियाँ उजाड़ दी गयी। हजारों लोगों को ट्रेन में बैठाकर रवाना कर दिया गया उनके गाँव। तमाम एनजीओ वाले हल्ला मचाते रहे, मगर कोई मन्त्री-सन्त्री कुछ नहीं कर पाया। इस मामले में विधायक और एसएचओ कुछ नहीं कर पाएंगे। अगर कुछ हो भी पाएगा तो, खेल खतम हो जाने के बाद ही।" मनीष ने समझाया।

"तब तक तो मैं बरबाद हो जाऊँगा। क्या खाऊँगा, कैसे रहूँगा। गाँव में भी बड़ी जिम्मेदारियाँ हैं मुझ पर।..." अनिरुद्ध जैसे बदहवासी में बोले जा रहा था।

मनीष ने कुछ देर सोचने के बाद कहा, "देख, मैं तुझे जानता हूँ इसलिए कह रहा हूँ। मैं तुम्हारी मदद बस इतनी कर सकता हूँ कि खेल हो जाने तक तू मेरी दुकान पर नौकरी कर ले। ग्राहक आएँ तो चाय-पानी पिला दिया करना। सुबह दुकान वक्त पर खोल के साफ-सफाई कर देना। जरूरत पड़े तो ग्राहकों को घर-वर दिखा दिया करना।"

अनिरुद्ध थोड़ी देर सोचता रहा। फिर कहा, "ठीक है मनीस भैया। आपकी मेहरबानी। मगर खेल खतम होते ही आपको मेरे लिए कुछ करना होगा।"

"तीन हजार दे पाऊँगा अभी। अभी बिजनेस आ नहीं रहा। जैसे-जैसे बिजनेस बढ़ेगा, तेरी सेलरी भी बढ़ जाएगी।... फिर जो बिजनेस तू अपनी तरफ से लाएगा, उसमें से कमीशन के चार परसेंट तेरा। बोल, मंजूर?" मनीष ने कहा।

"ठीक है मनीस भैया। डूबते को तिनके का सहारा। यह तो बड़ी मदद है आपकी। इतने में तो मैं मकान का किराया और खाने-पीने का खर्चा निकाल ही लूँगा।... कब से आना शुरू कर दूँ?"

"तेरी मर्जी है। चाहे तो पहली तारीख से लग जा। चाहे तो कल से आना शुरू कर दे। मुझे कोई दिक्कत नहीं है।" मनीष ने कहा।

"ठीक है फिर, कल से ही श्रीगणेश करते हैं। दिन भी अच्छा है, मंगलवार।" अनिरुद्ध ने कहा और वहाँ से सीधा डेरे पर आ गया।

000

रात को जब अश्विनी और उसके साथी डेरे पर आए तो अनिरुद्ध ने अपने साथ घटी घटना सुनायी। सुनकर अश्विनी को धक्का लगा, मगर बाकी साथी सामान्य थे। जैसे उनके लिए यह कोई नयी बात न हो। तिवारी जी ने खैनी मलते हुए कहा था, 'बहुत समझदारी किये जो सीधा स्टेशन न जाकर डेरे पर आ गये। बहुत सारे घामड़ तो पुलिस की धमकी से डरकर गाँव चले गये। कोई बात नहीं, रेहड़ी-पटरी के धन्धे में ऐसा नुकसान तो चलता रहता है। फिर से कहीं और काम देख के शुरू कर दीजिए।"

''अभी तुरन्त कहीं रेहड़ी लगाना ठीक नहीं है। दिल्ली में अभियान चला हुआ है। फिर से उठा के पुलिस वाले ले जाएंगे रेहड़ी। पूरा दिल्ली साफ हो रही है। केतना झुग्गी सब उजाड़ दिया।... देखते नहीं आजकल पटरी पर कौनो रेहड़ी-रोजगार कहीं नजर नहीं आता! इसलिए कुछ दिन शान्त रहिए। कोई ऐसा काम सोचिए, जिसमें रोजी छिनने का डर कम हो।...'' अश्विनी कुनबे के आशानन्द ने सलाह दी।

''अरे ई सब कौनो नई बात थोड़े न है। हमीं लोगों को देखो, कितनी बार उजड़े, कितनी बार बसे। एक जगह बाजार शुरू होता है, कुछ महीना चलता है, एमसीडी वाला आके वहाँ से उजाड़ देता है। फिर ठेकेदार लोग कहीं और जगह तलाश लेते हैं।... वैसे ही पटरी पर रेहड़ी पर काम करने वालों के साथ भी होता रहता है।'' तिवारी जी ने कहा।

''अरे हमारी बात अलग है। हमारे साथ ठेकेदार हैं। ऊ लोग हमारे लिए लड़ते हैं। पुलिस आ एमसीडी वाला से बातचीत करके कौनो रास्ता निकालते रहते हैं। इनके मामले में वैसा नहीं है। इनको तो खुदे जुगाड़ करना पड़ेगा। अभी इनको आए साल भर हुआ है, मुस्किल से। कैसे करेंगे बेचारे यह सब।...'' आशानन्द ने प्रतिवाद किया।

अश्विनी चुपचाप सबकी बातें सुन रहा था। वह कुछ सोच रहा था। उसने जैसे तिवारी जी और आशानन्द की बतकही रोकने के मकसद से हस्तक्षेप किया, ''अरे, हम सुरुए में कहे थे, ई सब काम इनके बस का नहीं है। रोज तलवार लटकी रहती है सिर पर। पुलिस की गाली खाओ, एमसीडी का दंड भुगतो।... हम कहे थे कि कौनो नौकरी कर लो। मगर नहीं माने। अब चुपचाप पड़े रहिए कुछ दिन। देखते हैं कौनो नौकरी। आप भी हाथ-पाँव मारिए, मिल जाएगी। अब ई सब धन्धा की बारे में बिल्कुले मत सोचिए।''

''देख आये हैं नौकरी, भइया। बालाजी प्रापर्टी वाले मनीस भइया ने खुदे दे दी है नौकरी अपने यहाँ।... अभी तीन हजार रुपया देंगे। कमीशन के अलग। फिर काम बढ़ेगा तो तनखाह बढ़ा देंगे।...'' अनिरुद्ध ने अश्विनी की चिन्ता दूर की।

''ई बहुत ठीक किये। अरे तनखाह तो घटती थोड़े है, बढ़बे करती है। फिर, वहाँ से दूसरी जगह जाने के मौके तलाशते रहिए। जहाँ बेहतर तनखाह मिले, चले जाइएगा। पहले पैर टिकाने की जगह मिलनी चाहिए। मिल गयी तो सब रास्ते अपने आप निकल आएँगे।'' अब अश्विनी के स्वर में इत्मीनान था।

000

इस तरह अनिरुद्ध बालाजी प्रॉपर्टीज में मुलाजिम हो गया। एक महीने में ही प्रॉपर्टी डीलिंग के सारे गुर सीख गया। मनीष ने दुकान के काम के लिए उसे एक

मोटरसाइकिल दे दी थी। वह दिन भर किसी न किसी काम से अलग-अलग सेक्टरों में घूमता रहता। दूसरे प्रॉपर्टी डीलरों के पास भी आया-जाया करता।

इस तरह घूमते-फिरते, काम करते अनिरुद्ध ने महसूस किया कि यह तो रेहड़ी पर पराँठे बेचने से हजार गुना बढ़िया काम है। बिना कोई पूँजी लगाये लाखों-करोड़ों का सौदा करते रहो। बस मोबाइल घुमाओ, तमाम सेक्टरों के प्रॉपर्टी डीलरों से सम्बन्ध बनाये रखो, काम चलता रहेगा।

कई प्रॉपर्टी डीलरों से अनिरुद्ध की दोस्ती हो गयी थी। दिन भर तमाम सेक्टरों में घूमते हुए उसे किराए के खाली या बिकने वाले घरों के बारे में जानकारी रहने लगी थी। मगर उसने तय किया कि प्रॉपर्टी के धन्धे में झूठ-फरेब बहुत है, वह सच्चाई से काम करेगा। किसी ग्राहक को धोखा नहीं देगा।

मगर उसका यह इरादा बहुत समय तक कायम नहीं रह सका। एक प्रॉपर्टी डीलर ने उसे धमकाया कि "ज्यादा चतुर बनने की जरूरत नहीं। इस धन्धे में रहना है तो जो कायदा है, उसी के मुताबिक चलो। नहीं तो कहाँ गायब हो जाओगे, किसी को पता भी न चलेगा।"

उसकी धमकी सुनकर अनिरुद्ध उस दिन परेशान रहा, मगर जल्दी ही सामान्य हो गया था। उस दिन उसने नया संकल्प किया कि जहाँ तक हो सकेगा, फ्रेश केस डील करेगा। किसी प्रॉपर्टी डीलर के साझे वाले सौदे में डीलिंग दूसरे डीलर पर छोड़ दिया करेगा। इस तरह वह कमीशन या फिर खरीदार और बेचने वाले के बीच तालमेल वगैरह में फरेब से बच जाएगा। हर तरह के झगड़े-झंझट से दूर।

इस तरह अनिरुद्ध प्रॉपर्टी डीलिंग के धन्धे में पूरी तरह रम गया। मनीष को भी उसके काम पर भरोसा होता गया था। कई बार वह दुकान उसके ऊपर छोड़कर कई दिन के लिए घूमने-फिरने बाहर चला जाता। लौटकर आता तो अनिरुद्ध सही-सही पूरे काम का हिसाब-किताब उसे दे देता। इस तरह मनीष निश्चिन्त होता गया था।

यों भी मनीष को पैसे की कोई चिन्ता नहीं थी। डीडीए ने उसके खेत लिए तो काफी पैसे मिले थे। उन्हीं पैसों से माँ-बाप ने इस मॉल में दो दुकानें ले ली थीं। नीचे की दुकान सड़क के बिल्कुल सामने थी, सो मनीष ने उसमें प्रॉपर्टी डीलिंग का धन्धा शुरू कर दिया था। टॉप फ्लोर की दुकान काफी बड़ी थी, रेस्तराँ के मकसद से बनी थी। सामने की पूरी छत खुली हुई। हालाँकि मनीष खुद उसमें रेस्तराँ खोलना चाहता था, मगर उसके परिवार ने मना कर दिया था। सो, उसे एक बियर बार चलाने वाले को किराए पर उठा दिया गया। पैंतीस हजार रुपये महीना पर।

इसके अलावा अलग-अलग नामों से अलग-अलग सेक्टरों में मनीष के दो-तीन फ्लैट भी हैं। उनके किराए अलग आते हैं। पोचनपुर गाँव में पुश्तैनी घर अलग है। मनीष माँ-बाप का इकलौता बेटा है। उन्हीं के साथ गाँव के घर में रहता है। उससे

बड़ी दो बहनें अपनी-अपनी ससुराल में खुश हैं। इसलिए दूसरे दुकानदारों की तरह मनीष पैसे को दांत से नहीं पकड़ता। खुला खर्च करता है।

कुछ दिनों बाद मनीष ने गोयला डेरी की तरफ प्लॉट खरीदकर फ्लैट बनाना शुरू कर दिया था। उस समय उधर जमीन की कीमत ज्यादा नहीं थी। हालाँकि वे जमीनें कृषि क्षेत्र में आती थीं, उन पर किसी तरह का व्यावसायिक काम नहीं किया जा सकता था, मगर दूसरे बिल्डरों की देखा-देखी या कहें उनके उकसाने पर मनीष ने भी बिल्डर का धन्धा शुरू कर दिया था। इस तरह प्रॉपर्टी डीलिंग के लिए कम समय दे पाता था। दिन में एकाध बार दुकान पर आ जाता। उसका ध्यान नये बन रहे फ्लैटों की तरफ ज्यादा रहता। मगर अनिरुद्ध के मन में उससे छल करने या किसी तरह का धोखा देने का विचार नहीं आया।

मनीष के नये बन रहे फ्लैटों की धड़ाधड़ बुकिंग हो रही थी। दिल्ली में घर तो सबको चाहिए, इसलिए जहाँ सस्ता और अपनी क्षमता में घर नजर आता है, लोग उधर भागते हैं। फिर बहुत सारे लोग अपनी नाजायज कमाई खपाने या बचत के पैसों को जल्दी बढ़ाने की मंशा से भी फ्लैट वगैरह खरीदते रहते हैं। सो, मनीष को अपने नये फ्लैट की बुकिंग में ज्यादा परेशानी नहीं उठानी पड़ी। ज्यादातर बुकिंग सीधे बालाजी प्रॉपर्टी के जरिए ही हुई। सो, मनीष के साथ-साथ अनिरुद्ध ने भी इसमें खासी रकम कमायी।

कमाई बढ़ी, रहन-सहन का तरीका बदला तो अनिरुद्ध ने अश्विनी कुनबे से अलग, किराए पर अपना स्वतन्त्र घर लेने का फैसला किया। अश्विनी उसकी तरक्की देखकर खुश था। उसने अनिरुद्ध का अलग घर लेने का प्रस्ताव सुनते ही कहा था, ''और का महराज। बढ़िया, चौचक घर लीजिए। रोज दू-चार गो मिलने वाला लोग आएगा। हम लोगों के साथ रहेंगे तो कइसे लोगों को मिलने-जुलने को बुलाइएंगे।...''

अनिरुद्ध को लग रहा था कि अश्विनी को उसकी बात बुरी लगेगी, मगर उसका इस तरह खुश होना देखकर उसकी आँखें नम हो गयी।... अश्विनी ने कितना सहारा दिया उसे। कितना खुश है उसकी तरक्की देखकर। दूसरा कोई होता तो शायद जल-भुन जाता।... कितना निश्छल है अश्विनी।...

अनिरुद्ध ने कहा, ''मगर घर लेंगे आप लोगों के आसपास। इसी गाँव में। दूर नहीं जाएंगे आप लोगों से। जितना सहारा दिया है आपने, दूसरा न देता।...''

''अरे का बात करते हो भइया। जहाँ रहो, खुश रहो। बस दिल में हमारे लिए जगह बनाए रहो, यही बहुत है। हम सब तो इसी काम के लिए बने हैं। दिन भर सब्जी-तरकारी छाँटो, सजाओ, उस पर पानी छींटो, रेहड़ी खींचो। इस मुहल्ला से उस मुहल्ला भागो-दौड़ो, गाली खाओ। कभी ठेकेदार का, कभी पुलिस का, कभी मकान

मालिक तो कभी अपने ही धन्धे के लोगों का।..." तिवारी जी ने हस्तक्षेप किया था।

खैर, अनिरुद्ध ने अलग किराए का मकान ले लिया। वहीं अश्विनी के पास में। मगर खाना खाने के लिए अक्सर अश्विनी कुनबे में ही शरीक होता। अकेले के लिए खाना बनाना उसके लिए मुश्किल जान पड़ता था। कौन पाले इतनी झंझट। सो, कभी-कभार बाहर खा लेता, अक्सर अश्विनी कुनबे में। महीने का अपने खाने का हिस्सा दे दिया करता।

000

अब, अपने पहले प्रोजेक्ट की कामयाबी से उत्साहित मनीष ने गोयला डेरी की तरफ ही दूसरी जमीन खरीद ली। इस बार कुछ बड़ी। उसमें चालीस फ्लैट बनाने का नक्शा तैयार किया गया। कोई भी व्यवसाय व्यवसायी के व्यवहार, सेवा की गुणवत्ता और भरोसे पर चलता है। मनीष का पहला प्रोजेक्ट इस मामले में कामयाब रहा। सो, उसका लाभ दूसरे प्रोजेक्ट को मिलना ही था। दूसरे नये फ्लैटों की बुकिंग भी बनने के साथ ही शुरू हो गयी थी।

एक दिन मनीष ने अनिरुद्ध को समझाया, "एक फ्लैट बुक करा ले तू भी नये प्रोजेक्ट में। साल भर के भीतर ही पाँच-सात लाख कीमत बढ़ जाएगी उसकी। बेच देना। नहीं तो जब भी जरूरत पड़े, मैं बैठा हूँ न, जिस दिन कहेगा, मैं तुझे मार्केट रेट से पूरा पैसा दे दूँगा। ऐसे ही पैसे बढ़ाएगा तो बढ़ेगा।'

बात अनिरुद्ध की समझ में आ गयी। करीब पाँच लाख रुपये वह कमा चुका था, दूसरों के फ्लैट बिकवा या खरीदवा कर। वह सोच रहा था कि इन पैसों से बहनों की शादी धूमधाम से करेगा। मनीष की बात सुन कर उसने सारा जोड़-घटाना किया। तय किया कि इन पैसों को फ्लैट खरीदने में लगाना चाहिए। बहन की शादी तो एक साल के लिए टाली जा सकती है। सबसे छोटी की शादी में तो वैसे भी दो-तीन साल का वक्त है।...

यही सब सोच-समझकर अनिरुद्ध ने मनीष के नये प्रोजेक्ट में अपने नाम एक फ्लैट बुक करा दिया।

साल भर होते न होते सारे फ्लैट तैयार हो गये और उसमें कोई फ्लैट नयी बुकिंग के लिए नहीं बचा तो उन फ्लैटों की कीमत रोज बढ़ने लगी। पाँच लाख के मुनाफे पर बेच दिया अनिरुद्ध ने अपना फ्लैट। बाकी पैसे मनीष को चुकाये और साल भर में ही पाँच लाख से पाँच लाख रुपये और कमा लिए उसने।

उधर बाबूजी, दूसरी वाली बहन की शादी के लिए बार-बार फोन कर रहे थे। फ्लैट बिकते ही अनिरुद्ध ने उन्हें फोन करके कहा, "कोई लड़का देखिए। तीन लाख के लपेटे में ही रखिएगा शादी को। खाने-पीने का खर्चा लेके पाँच लाख तक बैठेगा।..."

मई में बहन की शादी की थी अनिरुद्ध ने। गाँव भर में शोर मचा कि अनरुधवा खूब कमा रहा है दिल्ली जा के। देखो कितना खर्चा किया बहिन की बिआह में। सारी जात के लोगों को नेवता दिया। छोट-बड़ सब जात को खिलाया। पाँच तरह की मिठाई, खाने में तीन तरह की तरकारी, रसगुल्ला। पूड़ी, पुलाव, भात जो जैसा खाना चाहे, सबके लिए इन्तजाम।...

बहन की शादी के बाद अनिरुद्ध दिल्ली लौटा था। पाँच लाख की पूँजी अब भी थी उसके पास।

इस बीच मनीष ने तीसरा प्रोजेक्ट शुरू कर दिया था गोयला डेरी से थोड़ा आगे छावला की तरफ। अनिरुद्ध ने उसमें भी अपने नाम एक फ्लैट बुक कराया। पिछले अनुभवों को देखते हुए साल भर बाद ही बेच दिया। इस बार उसे पाँच लाख लगा कर सात लाख रुपये की कमाई हुई।

इस तरह प्रॉपर्टी डीलिंग के साथ-साथ नयी कॉलोनियों में इनवेस्टमेंट का चस्का लग गया अनिरुद्ध को।

जिस दिन छावला वाला फ्लैट बिका, मनीष ने अनिरुद्ध को कहा, "अब तू सबसे पहले गाड़ी खरीद। साला, कोई क्लाइंट आता है तो बैठ जाता है उसकी गाड़ी में, नहीं तो मोटरसाइकिल पर बिठाकर उसे घर दिखाने ले जाता है। अब तो अच्छा-खासा प्रॉपर्टी डीलर हो गया है। कायदे से रहना सीख ले। गाँव का तरीका छोड़ अपना। चल, सबसे पहले तो तुझे ढंग के कुछ कपड़े खरीदवाता हूँ। फिर एजेंट से बात करके तुझे गाड़ी दिलाता हूँ।"

अनिरुद्ध कहता रह गया कि भइया मैं जैसे हूँ, ठीक हूँ, काहें मुझे बदलना चाहते हो। मगर मनीष ने उसकी एक न सुनी। बिठा ले गया अपनी गाड़ी में और कनॉट प्लेस से चार-पाँच जोड़ी कपड़े खरीदवा लाया।

अगले दिन फोन करके मनीष ने एक एजेंट को बुला लिया और सेंट्रो कार की बुकिंग करा दी। एक लाख चेक से, बाकी पैसे के लिए लोन वगैरह का फाइनल कर दिया। फिर अनिरुद्ध को समझाया, 'देख, सारा डाउन पेमेंट इसलिए नहीं कराया कि तुझे इनकम दिखाना पड़ता। इनकम टैक्स का लफड़ा खड़ा हो जाता। देते रहना ढाई लाख की किस्त, हर महीने साढ़े पाँच हजार रुपये। पाँच साल में किस्त खतम हो जाएगी, पता भी नहीं चलेगा।"

इस तरह अनिरुद्ध मोटरसाइकिल से सेंट्रो-सवार बन गया था।

मनीष ने अगला प्रोजेक्ट दो जगह शुरू किया। एक गुड़गाँव से आगे रेवाड़ी में, करीब साठ फ्लैटों का और दूसरा दिल्ली में करीब बाईस फ्लैट का। शाहाबाद गाँव के पश्चिमी हिस्से में एक बुढ़िया का घर था। उसके दोनों बेटों ने गुड़गाँव से आगे कहीं कोई कारखाना लगाया था। वहीं घर भी बना लिया था। बुढ़िया को भी अपने

पास ले गए थे। इसलिए वह जमीन बेचना चाहते थे। जमीन काफी थी। सो, मनीष ने खरीद ली और उस पर फ्लैट बनाने की योजना बना डाली।

अनिरुद्ध ने इनवेस्ट करने का सोचा तो मनीष के दोनों प्रोजेक्ट के बारे में विचार किया। रेवाड़ी में पैसा लगाना रिस्की था। पता नहीं कितने समय बाद फ्लैट बिके। फिर कितना रिटर्न आएगा, इसका भी अन्दाजा नहीं था। दिल्ली में घर बेचना-खरीदना गुड़गांव की अपेक्षा आसान और मुनाफे का काम है। इसलिए उसने शाहाबाद वाले प्रोजेक्ट में पैसा लगाना उचित समझा।

इस बारे में उसने मनीष से बात की तो उसने कहा, ''देख भाई अनिरुद्ध, पहले वाले प्रोजेक्ट का मामला और था। तब मामा की जमीन थी, जैसे-जैसे फ्लैट बिके उन्हें किस्तों में पैसा देता रहा। इस प्रोजेक्ट में सारा पैसा एकमुश्त लग रहा है। जमीनें भी महँगी मिली हैं। ऊपर से कंस्ट्रक्शन मटीरियल के लिए देना पड़ रहा है। मेरी तो सारी जमा-पूँजी इसमें लग गयी है। इसलिए इस बार मैं पहली बार की तरह मदद नहीं कर पाऊँगा। तुझे लोन कराना पड़ेगा।''

''लेकिन लोन कराने के लिए इनकम वगैरह दिखानी पड़ेगी, कैसे दिखाऊँगा मैं।'' अनिरुद्ध ने अपनी दुविधा जाहिर की।

''कुछ पैसे तो हैं तुम्हारे पास?'' मनीष ने पूछा।

''कुल जोड़-जाड़ के पन्द्रह लाख होंगे।'' अनिरुद्ध ने कहा।

''बस तो हो गया काम। ताऊ किस दिन काम आएँगे। दुनिया भर को उनसे लोन दिलाते रहते हो तुम और वे तुम्हारे काम नहीं आएँगे। दस लाख रुपये उनसे ले ले, दो परसेंट पर। बाकी के दस मुझे बाद में दे देना।'' मनीष ने अनिरुद्ध की चिन्ता को जैसे हवा में उड़ा दिया।

मगर इसके अलावा जो चिन्ता अनिरुद्ध को खाए जा रही थी वह भी उसने जाहिर कर दी, ''मगर, कोई रिस्क तो नहीं है न मनीष भइया शाहाबाद वाले प्रोजेक्ट में?''

''कैसा रिस्क?'' मनीष की भौहें तिरछी हो गयी।

''जैसे कुछ साल पहले एअरपोर्ट बन रहा था तब शाहाबाद के बहुत सारे घर तोड़ दिये गये थे। लोग कोर्ट में गए, आन्दोलन किया, मगर कुछ नहीं हुआ। उसमें दो लोग मारे भी गये, मगर सरकार को जो करना था किया। लोगों के हाथ में मुआवजा पकड़ाया और उजाड़ दिया बहुत सारा घर! घेर लिया उनका सारा खेत-खलिहान।'' अनिरुद्ध ने कहा।

''अब तो बन गया न एअरपोर्ट। अब काहे का रिस्क। फिर हमने किसी का घर खरीदा है, सरकारी जमीन नहीं कब्जाई है। रिस्क काहे का!''

''नहीं, इसलिए पूछा कि पहले पूरे शाहाबाद गाँव को कहीं और बसाने की योजना थी। लोगों के विरोध की वजह से उस योजना में कुछ बदलाव किया गया।

फिर जिस घर की जमीन पर आपका प्रोजेक्ट शुरू हो रहा है, वह बिल्कुल गाँव के बाहर है। कहीं फिर कोई सरकारी योजना तो नहीं आएगी वहाँ!'' अनिरुद्ध ने पूछा।

''अगर ऐसा कुछ होता तो मैं पैसा लगाता क्या उसमें? फिर, आधा ही सही, शाहाबाद गाँव तो है न अभी वहाँ। अगर कोई योजना आएगी भी तो सारा गाँव टूटेगा। तब तक हम क्या वहीं बैठे रहेंगे। निकल चुके होंगे सब बेंच-बाँच कर। तुझे कौन-सा वहाँ रहना है। फिर काहें इतनी चिन्ता कर रहा है। जो खरीदेंगे घर, कुछ होगा भी तो परेशानी उनकी। हमसे क्या।'' मनीष ने जैसे फटकारा।

''ठीक है भइया, मुझे तो बस आप पर भरोसा है। अब छोड़ो मगजमारी। बुक कर दो मेरे नाम भी एक फ्लैट।'' अनिरुद्ध ने निश्चिन्त होकर कहा।

बस, अनिरुद्ध ने अब तक के अपने कमाए पन्द्रह लाख रुपये मनीष के शाहाबाद वाले प्रोजेक्ट में लगा दिये। बाकी के दस लाख रुपये ताऊजी से दो परसेंट महीने पर ले लिए।

अब अनिरुद्ध आगे की योजनाओं के बारे में गुणा-भाग कर रहा था। इस फ्लैट के बिकते ही वह अपने रहने के लिए एक घर खरीदेगा। छोटी बहन की शादी के बाद अपनी शादी के बारे में सोचेगा।...

000

होली नजदीक थी। अनिरुद्ध ने गाँव जाने की योजना बनायी। किसी भी गाड़ी में टिकट नहीं मिला। सो, अपनी गाड़ी लेकर गाँव गया। गाँव हसरत और हैरत से देख रहा था। अनिरुद्ध ने बाबूजी और माँ को समझाया कि छोड़ो अब गाय-गोरू रखने की झंझट। खेती करो, आराम से रहो। अगले साल छोटी के लिए भी लड़का देखना शुरू कर दो। मगर बाबूजी जिद ठाने हुए थे कि पहले अनिरुद्ध की शादी होगी, फिर छोटी की। कितने रिश्तेदार-नातेदार दबाव डाल रहे हैं। मगर अनिरुद्ध का तर्क था कि काम-धन्धा रास्ते पर आने दो, तब शादी भी कर लूँगा। बहुत समझाने-बुझाने के बाद माने थे बाबूजी।

होली के अगले दिन ही चल पड़ा था अनिरुद्ध, गाँव से। उसे चिन्ता थी कि अगर ज्यादा दिन गाँव रुकेगा तो दिल्ली में प्रॉपर्टी के धन्धे में नुकसान होगा। मनीष चिड़चिड़ाएगा सो अलग।

उधर मनीष के दोनों प्रोजेक्ट पर काम शुरू हो चुका था। अनिरुद्ध सोच रहा था कि जल्दी फ्लैट बनें और वह अपना वाला बेचकर कहीं अपने रहने का घर खरीदे।

वह हर दो-चार दिन पर जाकर देख आता कि बिल्डिंग का काम कैसा चल रहा है। काम तेजी से चल रहा था। चार महीने में ही बिल्डिंग के सारे पिलर खड़े हो गये

थे। दीवारें बनाने का काम शुरू हो गया था। छह महीना होते न होते बिल्डिंग का ढाँचा तैयार हो गया। अब फर्श और खिड़की-दरवाजों का काम चल रहा था।

उसी समय एक कांड हो गया। दिल्ली पुलिस को खुफिया एजेंसियों ने सूचना दी कि आतंकवादी कोई बड़ा हमला करने वाले हैं। इसलिए पुलिस सतर्क हो गये थी। आखिरकार शाहाबाद गाँव में नकली पहचान के साथ किराए पर रह रहे तीन आतंकवादी पकड़े गये थे। तहकीकात से पता चला कि उन तीनों के तार कश्मीर और सीमा पार से जुड़े थे।

मीडिया के लिए इतना काफी था। रोज ही बड़ी-बड़ी खबरें छपने लगीं कि एअरपोर्ट से बिल्कुल सटा होने की वजह से शाहाबाद गाँव सुरक्षा की दृष्टि से काफी खतरनाक है। इसे लेकर सरकार की ढिलाई पर भी उँगलियाँ उठने लगीं कि पता नहीं किस दबाव या मोह में सरकार ने शाहाबाद गाँव को एअरपोर्ट के पास से हटाने की हिम्मत नहीं दिखायी। जब एअरपोर्ट की योजना में उस गाँव को पूरी तरह हटाने का प्रस्ताव था, तो फिर उसकी चारदीवारी से सटा होने के बावजूद शाहाबाद को वहाँ बना क्यों रहने दिया गया। अगर किसी दिन कोई हवाई जहाज बेकाबू हो जाए तो उस गाँव में भारी तबाही मच सकती है। न जाने कितने लोग मारे जाएँगे।...

मीडिया में तरह-तरह के आकलन, अन्देशे जताये जाने लगे। दुनिया भर के एअरपोर्टों की व्यवस्था, एअरपोर्टों की सुरक्षा सम्बन्धी नियमों आदि का हवाला दिया जाने लगा।

बस क्या था, जैसा कि ऐसे मामलों में होता है, सरकार ने एक समिति गठित कर दी। समिति ने शाहाबाद गाँव को एअरपोर्ट के पास से हटाने का सुझाव दिया। फिर सरकार ने जगह-जगह बोर्ड टाँग दिए- 'यह जमीन सरकारी है। यहां किसी भी तरह का निर्माण कार्य वर्जित है।'

इस तरह मनीष का शाहाबाद प्रोजेक्ट खटाई में पड़ गया। वह गैरकानूनी हो गया। इससे अनिरुद्ध को बहुत धक्का पहुँचा। दुखी मन से उसने मनीष से कहा, "मनीष भइया, मैंने पहले ही पूछा था आपसे कि कोई लफड़ा तो नहीं उस जमीन में। मगर आपने सही बात नहीं बताई। डुबा दिया मनीस भइया आपने मुझे।"

मनीष पहले ही परेशान था। वह विफर पड़ा, "तू भूल गया कि तेरे को मैंने ही सहारा दिया था। सड़क पर रेहड़ी लगा के पराँठे बेचा करता था तू। फिर सड़क पर आ गया था। तुझे लाखों में खेलने का मौका मैंने दिया। अब तू कहता है, मैंने तुझे डुबो दिया।... मेरा कितना नुकसान हुआ, अन्दाजा है कुछ! बैंक वाले मेरे पीछे पड़ेंगे। जिन-जिन को फ्लैट बेचे हैं, सब मुझे कोर्ट में घसीटेंगे। जेल भी जा सकता हूँ और तुझे मेरी फिकर नहीं, अपनी पड़ी है।"

"आप तो पैसे वाले लोग हैं। मैं मामूली आदमी हूँ। मेरी तो सारी कमाई चली

गई। फिर ताऊजी से लिए दस लाख रुपए भी सिर पर पड़ गए।" अनिरुद्ध ने कहा।

इस तरह तर्क-वितर्क में बात बढ़ी, तू-तू, मैं-मैं हुई और नतीजा यह हुआ कि मनीष ने अनिरुद्ध को यह चेतावनी देते हुए दुकान से भगा दिया कि "खबरदार जो इस मॉल के आसपास भी नजर आया। टाँगें काट के हाथ में दे दूँगा। अभी तूने मेरा अच्छा रूप देखा है, बुरा नहीं।"

इस तरह अनिरुद्ध एक बार फिर सड़क पर आ गया।

मगर इस बार सड़क पर आना ज्यादा मुश्किल भरा था। मकान का किराया, गाड़ी की किस्त, ताऊजी के लोन का ब्याज- हजारों रुपये हर महीने का खर्च। अब प्रॉपर्टी डीलिंग का काम भी कर पाना आसान नहीं था। अगर किसी प्रॉपर्टी डीलर ने अपने यहाँ रख भी लिया तो वह मनीष जैसी छूट नहीं देगा।... क्या पता, मनीष को पता चले तो वह उस प्रॉपर्टी डीलर को कहे और वह भी नौकरी से निकाल दे।... कैसे रह पाऊँगा इतने भारी कर्ज का बोझ लेकर इस शहर में।

संयोग भी अजीब घटित होते हैं। जिस दिन मनीष से तकरार हुई उसके अगले ही दिन सुबह-सुबह ताऊ का फोन आया, "देख भाई अनरुध, मैं तो समझता था कि तू प्रॉपर्टी का काम करता है, सब ऊँच-नीच जानता है। इस भरोसे पर मैंने पैसे दिये थे कि वह घर बिकेगा तो तू मेरे पूरे पैसे वापस कर देगा। मगर अब तो तू खुद फँसा, मुझे भी मुसीबत में डाल दिया। भाई, मुझे तो अब अपने पूरे पैसे जल्दी चाहिए। कब देगा, बता दे।"

"ताऊजी, कभी धोखा दिया है आपको मैंने। थोड़ा समय तो दो। इन्तजाम करके जल्दी ही पैसे लौटा दूँगा।" अनिरुद्ध ने कहा।

"वही तो पूछ रहा हूँ, कितने दिन में लौटा देगा।' ताऊ अपनी बात पर टिके थे।

"बस ताऊ, दो दिन में सोच के बताता हूँ।" अनिरुद्ध ने गला छुड़ाने के अन्दाज में कहा।

ताऊ से फोन पर बात करके फुरसत पाया तो गाँव से बाबूजी का फोन आ गया। उन्होंने छोटी बहन के लिए कहीं लड़का देखा था। बोले, "अनरुध, छोटी के लिए एक लड़का देखा है। ओभरसीयरी की पढ़ाई कर चुका है। नौकरी तलाश रहा है, जल्दी ही कहीं लग जाएगा। लड़के वाले दस लाख नगद और दस तोले सोना माँग रहे हैं। क्या करूँ बेटा, बात आगे बढ़ाऊँ?"

अनिरुद्ध को लगा कि उसका दम घुट जाएगा। मन हुआ कि बाबूजी को फटकार दे कि इतनी महंगी शादी देखने की क्या जरूरत थी, मुझे कुबेर समझ रखा है क्या। मगर उसने खुद पर काबू करते हुए कहा, "ठीक है, बाबूजी दो-तीन दिन रुक जाइए। बताता हूं, सोच कर।" फिर उसने फोन स्विच ऑफ कर दिया।

वह माथा पकड़े बिस्तर पर बैठा रहा। तमाम पहलुओं पर सोचता-विचारता,

जोड़-घटाना करता रहा।... घर का किराया पाँच हजार, ताऊ के ब्याज के बीस हजार, गाड़ी की किस्त साढ़े पाँच हजार, पेट्रोल तीन हजार, चाय-पानी, खाने-पीने का अपना खर्चा तीन-चार हजार...। कम से कम पैंतीस हजार रुपये महीने का तो चाहिए ही। ऊपर से बहन की शादी का खर्चा।... और बैंक में बच गये हैं मुश्किल से पच्चीस हजार रुपये।...

फिर बिना नहाये-धोये कपड़े बदलकर अनिरुद्ध घर से निकल पड़ा।

000

वह दिल्ली में अनिरुद्ध का आखिरी दिन था। वह कहाँ गया, किसी को नहीं पता। मकान मालिक, गाड़ी फाइनेंस करने वाला एजेंट और ताऊजी उसे तलाश रहे हैं। गाड़ी मकान मालिक के घर के आगे खड़ी है। गाँव से बाबूजी फोन पर फोन कर रहे हैं, मगर उससे सम्पर्क नहीं हो पा रहा। वे इस इन्तजार में हैं कि छोटी की शादी के लिए बात आगे बढ़ाएँ या नहीं। उन्होंने अश्विनी को फोन करके पूछा। अश्विनी भी देख आया। ताला बन्द मिला।

अब तरह-तरह के कयास लगाये जा रहे हैं। कोई कह रहा है, खुदकुशी कर ली होगी, ससुरे ने। आजकल कर्ज के बोझ से दबे लोग ऐसा बहुत करने लगे हैं। कोई कह रहा है, अरे छोड़ के भाग गया होगा, किसी और शहर में। वहाँ धन्धा कर रह होगा कोई। एक न एक दिन नजरएगा जरूर। दूसरी वाली बात ही ज्यादातर लोगों को जँच रही है।

इसी उम्मीद में ताऊ जी और बैंक वाले शहर-शहर उसका सुराग तलाश रहे हैं।

□□